フィルムブック

機動戦艦ナデシコ

Martian Successor NADESICO

2

ルリちゃんの ナデシコ航海日誌

入力スタート

ナデシコが地球から脱出して
火星にたどりついたと思ったら、
いきなり８か月も過ぎ去ってて、
いったいこれから私たち
どうなっちゃうのかなって感じ。
とりあえず、私のつけていた
航海日誌でも読んでみる？
……私もけっこう大物よね。

chan

機動戦艦ナデシコ @ 80.6% (RGB)

連合宇宙軍の防衛ラインを突破して火星にやってきたけど、ナデシコが着陸したところに木星蜥蜴の攻撃がきて、もう大変。

結局、火星に残っていた人は誰ひとりとして助けることができなかった。つまりヒーローになりそこねたってワケ。

艦長は落ち込んでるみたいだし、ヘンなオバサンは乗り込んでくるし、よくわからないけど、こういうのを昔のことばで「弱り目にたたり目」って言うのかな。
●第6話　『運命の選択みたいな』　'96.11.5OA

80.56%　Scr:3.02M/37.0M

ゴミ箱2号

ナデシコ @ 80.

楽勝でイケるはずだったのに、木星蜥蜴の大軍相手にどうにもならなくなって、チューリップの中に逃げ込んだナデシコ。

私たちを逃がすために、フクベ提督は犠牲になったみたいだし、ホントにお気の毒。

ところで、あのナデシコ放送って、誰か見てる人、いるのかな。私まで引っぱり出されちゃったけど、大人ってくだらないことが好きよね。
●第7話　いつかお前が『歌う詩』　'96.11.12OA

80.56%　Scr:3.02M/37.0M

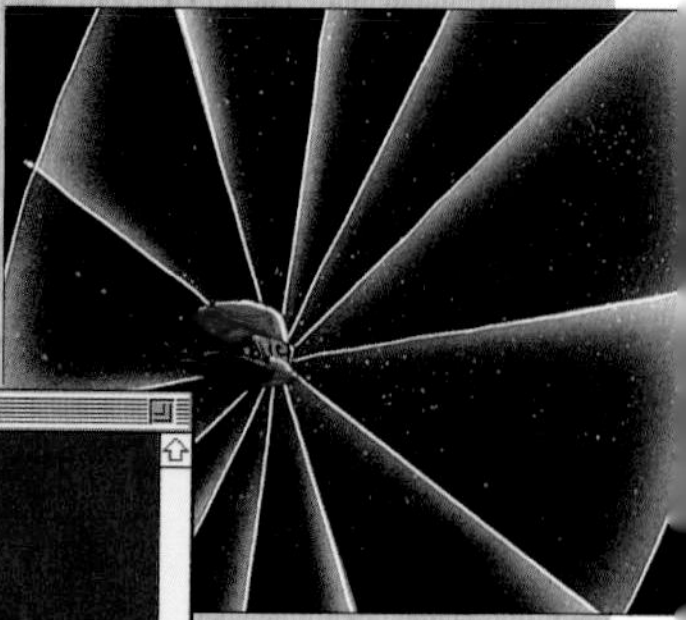

チューリップを使って、ボソンジャンプしてみたら、知らない間に8か月も過ぎてて、私たちはすっかり浦島太郎状態。……浦島太郎って知ってる？　地球の極東地区に残る伝説なんだけど。

ナデシコが修理中なのに、木星蜥蜴の攻撃はあるし、テンカワさんはエステに乗ったまま遭難。それを救助に行った艦長とメグミさんも遭難。

暑苦しいメンバーも増えるしで、メンドクサ…。

●第8話　温めの『冷たい方程式』　'96.11.19OA

80.56%　Scr : 3.02M/37.0M

ゴミ箱2号

機動戦艦ナデシコ @ 80.6% (RGB)

私たちの知らない間に、ネルガルと連合軍は和解してて、ナデシコと私たちも軍属ってことになったみたい。

とりあえず地球に戻ってはきたんだけど、私たちに与えられた任務は、北極海に取り残された某国親善大使の救出。……これって、戦いにはあまり関係ないような。

氷や岩礁にぶつかって、さすがのナデシコもボロボロ。そのあげく、救出した親善大使は白クマだったっていうんだから。アホらし。

●第9話　奇跡の作戦『キスか？』　'96.11.26OA

80.56%　Scr : 3.02M/37.0M

chan

機動戦艦ナデシコ @ 80.6% (RGB)

ゴミ箱

北極海の次は赤道直下の無人島。のはずが、島には謎のオネーサンがいて、テンカワさんを巡っての女の争い。ナデシコが大変なときに、よくそんなことやってられるなって思う。

大人って……やっぱりバカ。

そういえば私、海水浴って初めてだった。でも陽光はキツいし、塩水も潮風も長時間だと健康に悪いし、食べ物はマズいし、どうしてあんなことを喜ぶのかな。大人って、やっぱりかなりバカ？

●第10話　『女らしく』がアブナイ　'96.12.3OA

機動戦艦ナデシコ @ 80.6% (RGB)

木星蜥蜴の新型兵器の破壊っていうのが、今回のナデシコの任務。でも重力波砲による遠距離射撃に失敗して、結局、エステバリスによる地上からの攻撃に切り替えたワケ。

それはいいとして、みんな遊んでるみたい。

私もなんだか変なかっこうさせられたんだけど、何のためなのかよくわからない。艦長はうれしそうだけど、私はほら、大人だから。

とりあえず、作戦は成功したみたいなんだけど、これからもこんなことが続くのかな。

●第11話　気がつけば『お約束』？　'96.12.10OA

80.56%　Scr：3.02M/37.0M

そんな独立愚連隊みたいな状態のときに、ナデシコの迎撃システムが味方の連合宇宙軍を撃墜!?

機動戦艦ナデシコ @ 80.6% (RGB)

どうしよう。オモイカネがおかしくなっちゃった……。あ、オモイカネっていうのはナデシコのコンピュータの名前。

たしかに味方を攻撃したのはいけないことだけど、そういうような行為を最初にしたのは連合軍で、今になって都合が悪いから忘れてしまえなんて、大人ってずるい。それが大人になるっていうことだったら、私は大人になんてなりたくない。そうよね。オモイカネ……。

●第12話　あの『忘れえぬ日々』　'96.12.17OA

80.56%　Scr: 3.02M/37.0M

機動戦艦ナデシコ @ 80.6% (RGB)

●回答

コンピュータをリセットし、新プログラムをインストールすることで、フリーズなどの問題は回避することができるが、経験値によって蓄積されたデータはすべて破棄される。

人間の人格が経験、つまり記憶によって形成されるなら、プログラムを書き換えられたコンピュータは、まったくの新生児同様になっているといえる。

あの忘れえぬ日々、そのために今、生きている。……ありがとう。

80.56%　Scr: 3.02M/37.0M

せっかくのクリスマスだっていうのに、いきなり徴兵の話がきて大騒ぎ。私はべつにクリスマスを楽しみにしてたワケじゃないけど、やっぱりちょっとイヤかな。
軍人に不適格ってことで、テンカワさんはナデシコを降りたんだけど、木星蜥蜴の攻撃に生身のまま体当たり。って、昔あった第二次世界大戦時の特攻隊みたい。
●第13話　『真実』は一つじゃない　'96.12.24OA

私たちが『ゲキ・ガンガー3』を見てるのか、それとも私たちが見られているのか。何にせよ、『機動戦艦ナデシコ』は一応リアル・ロボット・アニメっていうことで、よろしく。

敵が攻撃してくれば、私だってまだ死にたくないし、迎え撃つっていうのが筋よね。そういう意味では、『ナデシコ』も『ゲキ・ガンガー』も変わらないワケで、でも、誰かに見られてるっていうのは、なんか監視されてるみたいでイヤかも。
●第14話　『熱血アニメ』でいこう
'96.12.31OA

機動戦艦ナデシコ @ 80.6% (RGB)

木星蜥蜴の兵器はすべて無人だと思っていたら、なぜか知らないけどコクピットがついていた。どうやら誰かが乗ってたみたいなんだけど、その人ってナデシコ内に潜入したの？

でも、相手の姿形もわからないのに、捜せっていわれても無理よね。どうやら相手は人間で、しかもミナトさんとメグミさんがかくまっているみたい。そんなことして、大丈夫なのかな。

●第15話　遠い星からきた『彼氏』　'97.1.6OA

80.56%　Scr: 3.02M/37.0M

機動戦艦ナデシコ @ 80.6% (RGB)

こうやって、コンピュータに入力してるってことは、データが残るってことで、それは誰かが見る可能性があるってことよね。……読んでみて、おもしろかった？

でも、私も誰かに見られることを考えて書いているワケで……私もかなりバカかも。

まだ、ナデシコの旅は終わってないんだし、また続きが読めるってこともあるかもね。

80.56%　Scr: 3.02M/37.0M

ゴミ箱

チャンネル

これ一冊ですべてがわかる

連合大学受験用コンサイス参考書

◉ナデシコ書籍部編

なぜなにナデシコ

●ナデシコクルーによるワンポイント・チェック付き

宇宙工学

人類が宇宙に進出してから2世紀、科学もさまざまな形で進歩を遂げてきた。
とくに、宇宙工学の躍進は目覚ましく、これからの時代を担う頭脳となってきた。
連合大学受験を考えるならば、まず押さえておかねばならない重要科目だろう。

戦艦設計における宇宙工学の進歩

はるかな昔より、空を飛ぶことは羽根をもたない人類にとって、憧れてやまない夢であった。それは旧式推進力による飛行機に始まり、20世紀にはついに人類は宇宙へと進出することとなる。

　その後も、人類の欲求はつきることを知らなかった。もっと速く、もっと遠くへ。それをかなえるために、科学は進歩し、そして次々と新型エンジンが開発されていく。

　そこで忘れてはならない重要な要素となるのが、戦争である。戦いに勝利するという、緊急かつ必須の条件によって、宇宙工学は飛躍的に進歩した。ここでは、相転移エンジンを搭載したネルガル重工開発の戦艦ナデシコをモデルにして、勉強してみよう。

宇宙空間を航行する機動戦艦ナデシコ

　まず、その装甲および外観を見てみよう。宇宙という特殊環境においては流線形かつ上下左右対称形がベストとされた時代もあったが、動力なども進歩した現在では、重量バランスさえとれていればどんな形でも可能なようになった。写真のナデシコは左右対称であるが、前方に突出したディ

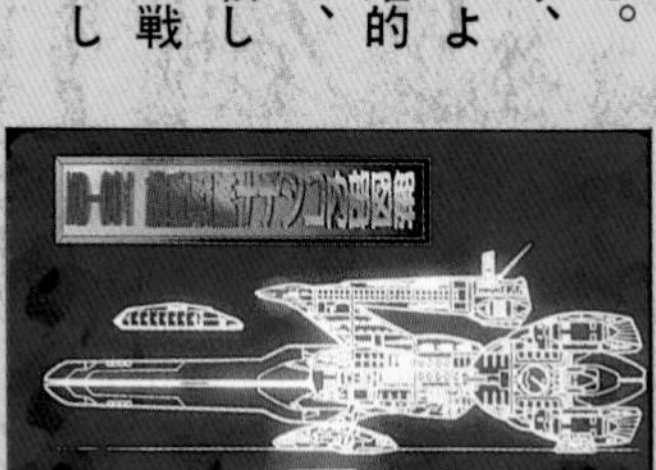

機動戦艦ナデシコの内部見取り図

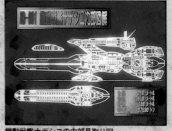

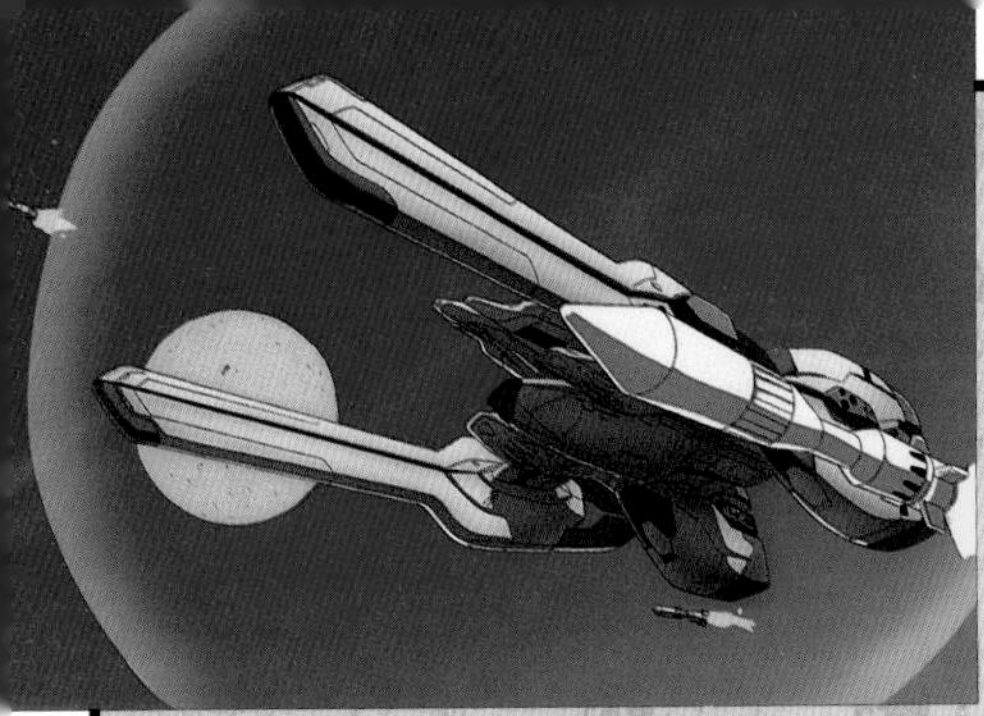

ディストーション・フィールド発生中のナデシコ

ストーション・フィールド発生ブレードが一種のバラストの役割を果たしているといえよう。

　そうした前時代的な制約から離れることによって、内部設計も容易になった。宇宙戦艦として重要なエンジンや主砲を配置してしまえば、あとのレイアウトは比較的自由になる。そのため、航行には直接関係のない住居ブロックやレクリエーション施設も、余裕をもって設置できるようになった。それによって、乗員の精神衛生に重大な影響を与える居住性も飛躍的にアップしたことを見逃してはならない。

　また、エンジン性能の向上により、さまざまな付加機能が装備できるようになった。くわしくは別項で述べるが、バリアの一種であるディストーション・フィールドの使用や、主砲となるグラビティブラストなどは、相転移エンジンの大出力なくしては実現できなかった装備である。

　これらの最新型装備をもつナデシコが与えた影響は、戦線のみならず宇宙工学という学問の分野においても、画期的なものであると言えよう。

　それではこれから、ナデシコの各装備をくわしく分析、解説してみよう。

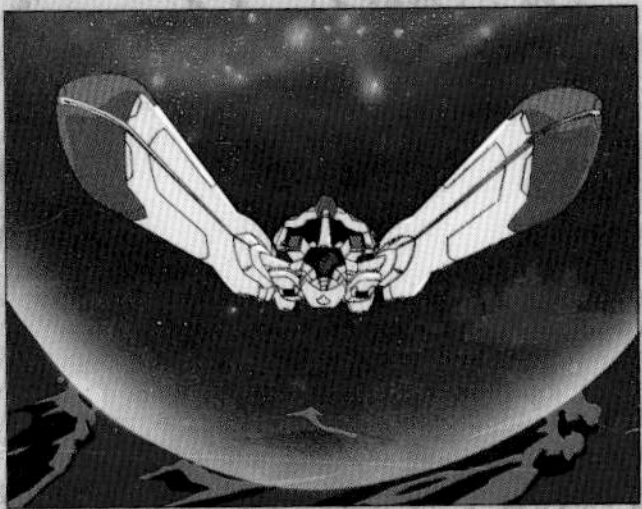

ナデシコを前方より見上げる

ワンポイントチェック　ONE POINT CHECK

ナデシコの装備って、スゴいんですね。みなさん、知ってましたか？　私は初めて知りました。ユリカ、とってもスゴい戦艦の艦長さんだったんだ……。ちょっと感動。
（艦長ミスマル・ユリカ）

相転移エンジンの構造と科学

では、戦艦ナデシコに搭載されている相転移エンジンとは、どういう経緯で開発されたものなのか。実は、まだその科学力のすべてが解明されたわけではない。

21世紀から始まった宇宙コロニー計画の一端として、人類が火星開発に取り組んだとき、火星の大地から発掘された謎の遺跡があった。そこから、リバース・エンジニアリングによって組み上げられたものが相転移エンジンである。基本的な理論や運用法は解明されても、作動原理にはまだ多くの謎が残されている。

だが、相転移エンジンを得たことで、時空歪曲場であるディストーション・フィールドを使ったバリアなどはすでに実用化の段階を迎えており、今後の原理の解明や分析によっては、さらに大きな科学的躍進が期待されている。

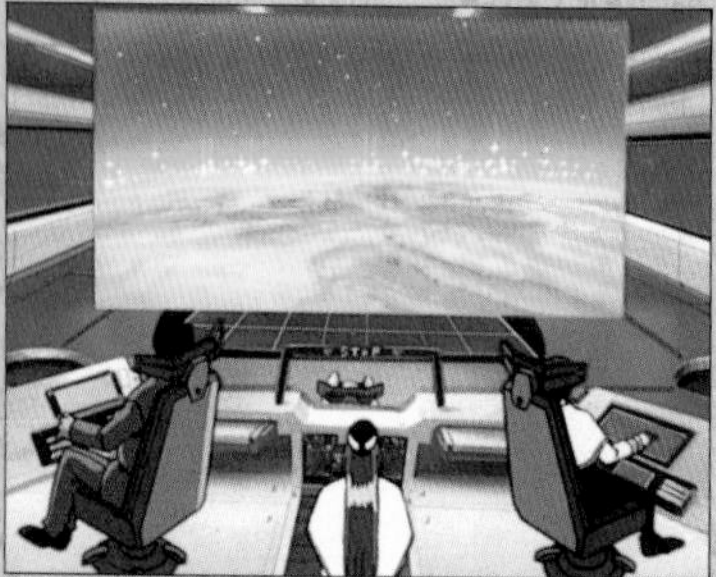

戦艦ナデシコのメーンブリッジ

ディストーション・フィールドによるバリアで敵の砲撃を退けるナデシコ

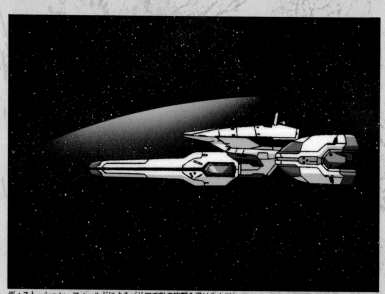

ワンポイントチェック ONE POINT CHECK

ルリちゃんの相転移エンジン解説講座

ではここで、ナデシコの相転移エンジンについて、バカな人にもよくわかるように説明します。

ここに3つの水槽があります。この中で、いちばん位置エネルギーが高いのが、この高いところにある水槽。これを、この宇宙が誕生したときのビッグバン直後におけるエネルギー準位の高い真空だと考えてください。

それが、相転移現象を起こして、莫大なエネルギーを放出しながら膨脹していって、現在の宇宙ができました。これが、インフレーション理論。

エネルギーの放出によって膨らんだこの風船を現在の私たちの宇宙に置き換えます。そこからさらにエネルギー準位の低い真空にこの宇宙の真空を転移させれば、そこで生まれたエネルギーは使いたい放題。その莫大なエネルギーの保証があってこそ、重力制御や時空歪曲といった高出力の装備が可能になったわけ。

こんな説明で、ほんとにわかったの? まいっか。わかんなくても。

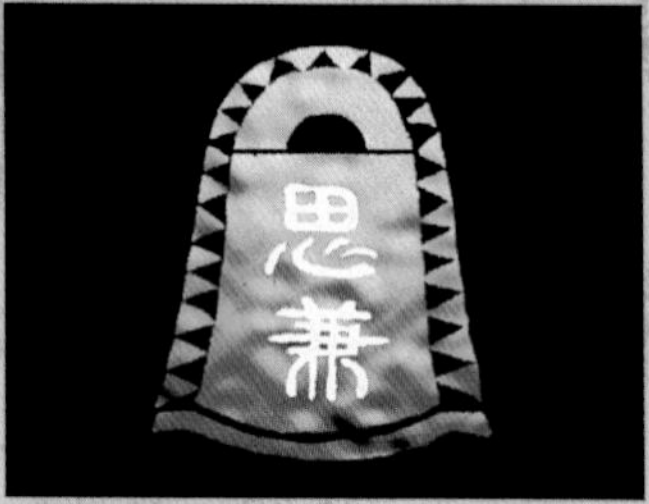

オモイカネのアイコン

コンピュータ制御とナノマシン処理

現代社会においては、マシン運用のほぼ全域でコンピュータによる統制および制御が行なわれている。その正確な高速度計算を人間の労力に置き換えて考えることは、ここまで無人化が推し進められた社会では不可能なことであろう。

戦艦ナデシコもまた、航行や攻撃、防御のシステムのほとんどが、メーンコンピュータであるオモイカネによって運用されている。

ただ、コンピュータである以上、パターンによる学習機能や防衛本能はあっても、乗員との意思の疎通がなければ緻密な運用は見込めない。また、命令系統が多岐化するようなことがあれば、フリーズというようなトラブルも起こり得る。

それを回避するためには、ひとりの入力担当者による管理が望ましいが、人間の対応能力を上回るため、担当者にはナノマシン処理による補助脳の形成が不可欠となってしまった。

専門の担当者によるオモイカネの運用

しかし、ナノマシン処理をした専門の担当者がいれば、膨大なデータの管理も比較的容易にできるようになる。たとえば、過去のデータの検索なども、項目を入力するだけで瞬時にして可能である。つまり、オモイカネを一種の図書館のように使用することも可能なのだ。

イメージとして想像させるならば、ありがちではあるが、全データ量は地球で最大級の図書館に匹敵する。

オモイカネのデータ検索画面

ビジュアル化されたオモイカネのデータバンク

それは常時、システムによって整理され、バグが発見されれば自動修復や自動リセットによって、運用に支障が出ないように補助するプログラミングがなされている。

もちろん、そのシステム自体にトラブルが起こった場合は、外部から強制的にリセットし、メインプログラムを入力（インストール）し直さなければならない。しかし、同時にコンピュータの学習したデータもすべて失われてしまう。また、介入時にマシンの自動防衛本能による拒否反応も予想されるため、緊急時以外は避けたほうが賢明であろう。

そうしたトラブル処理を正確に行なうためのシステムが、つい最近になって戦艦ナデシコのクルーによって開発された。整備士であるウリバタケ・セイヤ氏の開発したビジュアルイメージ・プログラムは、人間の意識をコンピュータのデータに介入させ、不必要な部分だけを消去することができる。データをビジュアルイメージで直接目にするため、トラブルが起こった場合のフレキシブルな対応が可能である。また、ほかの部分における損傷などもわかりやすい。

ウリバタケ氏が開発したお掃除エステバリス

このシステムは、まだ実験段階ではあるが、今後の研究開発によっては商業ベースでの販売もあり得るのではないだろうか。ただひとつ、このソフトの運用についても熟練が必要で、ユーザーの生命の危険も多分に予想されることから、問題が懸念されている。

自動修復プログラムによるデータ管理イメージ

時代の先端をいくナデシコの装備

宇宙工学の見地から戦艦を分析すると、どうしてもエンジンやコンピュータシステムに目がいきがちだが、忘れてはならないのが主砲などの装備である。

機動戦艦ナデシコの主砲はグラビティブラストと呼ばれる重力砲で、相転移エンジンによって発生した莫大なエネルギーを使い、強力な重力波を収束させて放出する、まさに一撃必殺の武器である。その有効射程範囲も従来のものとは桁違いに広く、遠距離射撃も可能になっている。また、収束された重力波の影響によって、相手からの攻撃をそらしてしまうという副次効果もある。そのため、主砲発射直後に一時的にエンジン出力がダウンしても、撃沈などの危険性も回避されている。

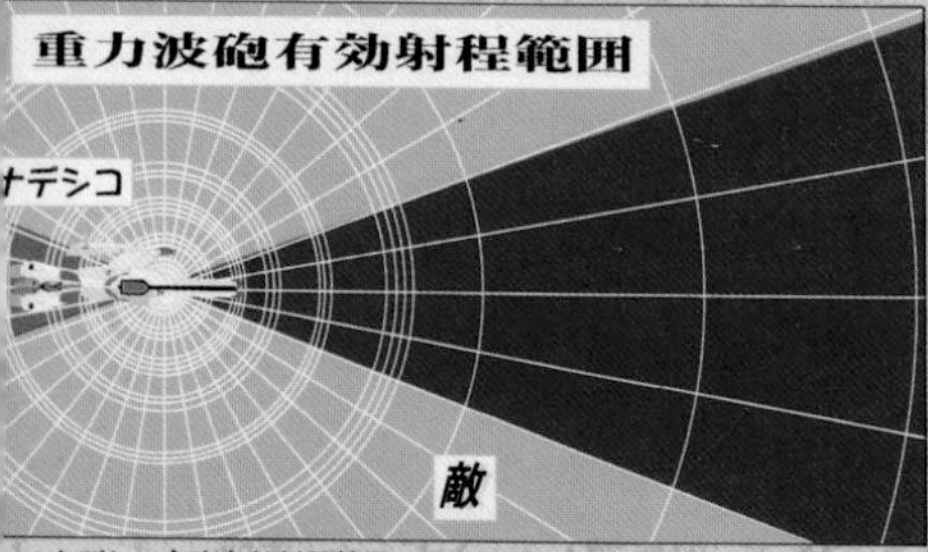

ナデシコ主砲有効射程範囲の表示画面

次に艦内通信システムについて説明しよう。乗員はコミュニケと呼ばれるパーソナル端末を携帯し、常時メーンコンピュータであるオモイカネを通じて交信できる。着信があった場合、目の前の空間にウインドウが展開し、さまざまなサービスが受けられるようになっている。また、このウインドウを重ね合わせたりすることも可能なので、作戦時のデータ確認なども容易になった。

ウインドウ操作を行なうクルー

ナデシコは、宇宙空間だけでなく大気中や海中での航行も可能なため、それに付随する設備も充実している。

船体下部には着陸艇ひなぎくが格納され、小規模の調査や人員輸送などに対応している。

着陸艇ひなぎくが発進する瞬間

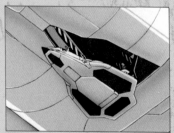

船体のほぼ中央には主力汎用機動兵器エステバリスの格納庫があり、メーンブリッジとはシューターで結ばれ、パイロットが迅速に移動できるよう配慮されている。このエステバリスにもさまざまな装備があり、フレームを交換することで多様な作戦行動内容に対応できる。また、本体に動力源をもたず、母艦からの重力波によるエネルギー供給で稼働するため、かなりの小型軽量化に成功した。必要に応じて外部バッテリーも装着可能なので、さらに行動範囲を広げることもできる。

各装備や兵器については、そのすべてをメーンコンピュータを通じて状況が確認できる。その画面も、今まであまり考えられなかった日本語表示で行なわれ、熟練度の低い乗員でも操作が容易になったことでも、画期的なシステムといえる。

空中戦用のフレームを装着したエステバリス

ナデシコの表示ウインドウ

ワンポイントチェック ONE POINT CHECK

熟練度の低い乗員がどうしたんですって？　戦艦なんか乗ったことのないシロウトをスカウトしたのはどっちなのよ。どうせ私は声だけの女ですよ。悪かったわね！

（通信士メグミ・レイナード）

地球連合宇宙軍史

**いまや地球は、他星からの侵略という、かつてない最大の危機に瀕している。
それに唯一対抗しうる存在として、地球連合政府宇宙軍がクローズアップされた。
連合大学受験のためには、その歴史的背景を知ることが必須となるだろう。**

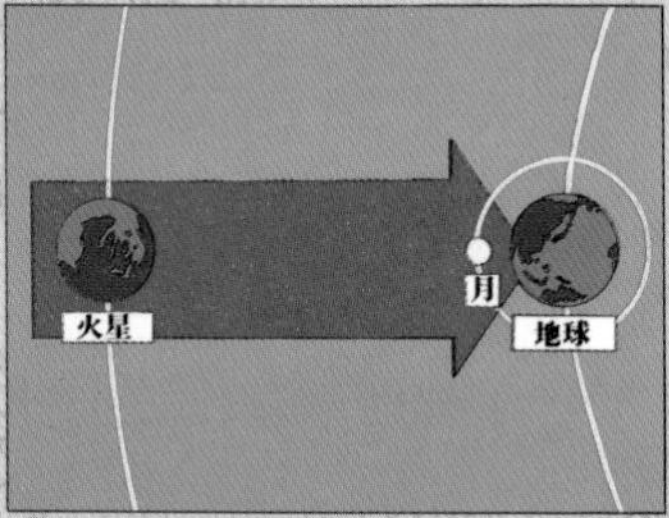

2195年の第一次火星会戦以後の勢力図

宇宙開発と国連の再編成

20世紀後半から爆発的に地球の人口は増加した。それにともない、地球の資源も枯渇し始める。21世紀に入って、人類が宇宙へと進出したのは、至極当然のことといえよう。

22世紀、月面に建設されたコロニー群は、自治区としての都市を形成していたが、独立の気運が高まり、対地球との戦争が勃発。結果的には月面軍に内戦が起こり終局を迎えたが、これが連合宇宙軍設立のきっかけとなった。

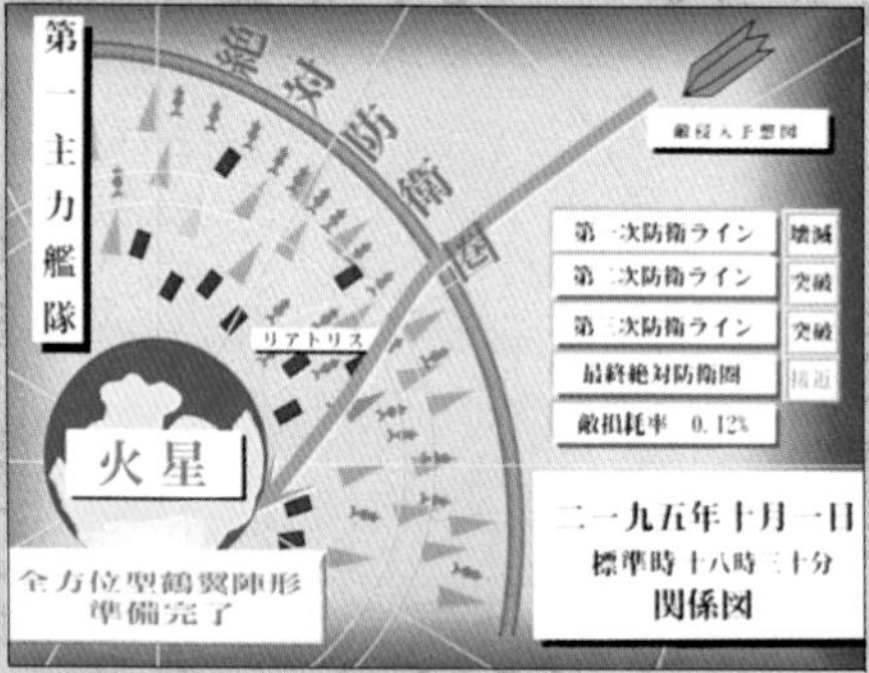

木星蜥蜴の無人兵器による攻撃

予想される外宇宙生命体との接触に備え、国際連合は「地球人類宣言」を採択。超国家的な組織として再編成される。それと同時に、地球連合の旗の下に宇宙軍が存在することとなった。

そして2195年、人類は初めての宇宙戦争を体験することとなる。それ以前から小惑星帯付近に侵犯を繰り返していた木星を本拠地とする謎の生命体が、火星コロニーに侵攻を開始。宇宙軍の第一艦隊が迎撃のために火星へと向かった。

しかし、敵の科学力は地球人類の予想を超え、宇宙軍の兵器はことごと

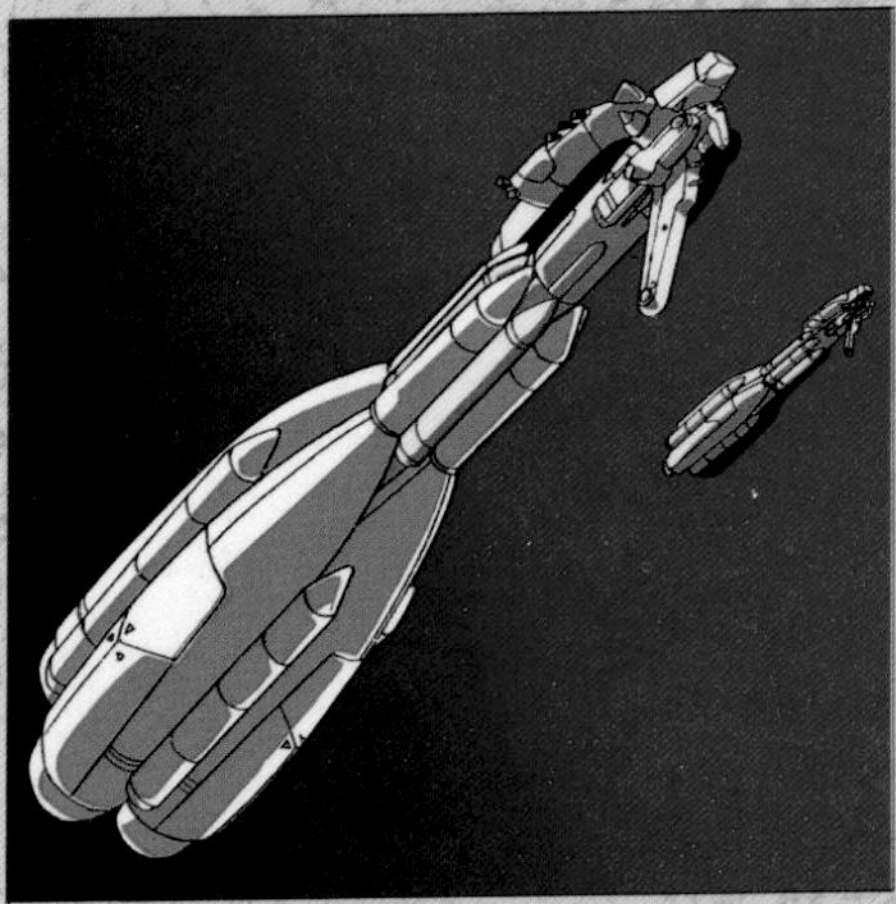

地球連合宇宙軍が開発した新型兵器デルフィニウム

く無力化され壊滅。敵の侵攻は止まるところを知らず、火星のコロニーはすべて破壊され、敵の勢力圏内となってしまった。木星蜥蜴と命名された敵に対抗すべく、地球人類は総力を結集。科学の目覚ましい発展によって、

現在では戦力差は皆無という状況になった。この努力と団結があってこそ、地球の平和は守られるのである。地球人類の未来は、宇宙軍の活躍にかかっている。木星蜥蜴を打ち破る日まで、その歩みは止まらない。

地球の大気圏内では連合軍の戦闘機が圧倒的な有利を誇る

位置関係図

クロッカス　消滅
パンジー　消滅
トビウメ　健在
ナデシコ　健在

ナデシコ
ネルガル重工所属戦艦
艦名：ESTEVAN
ND-001
エンジン機能停止

トビウメ
地球連合宇宙軍
第３艦隊所属
艦名：エステヴァン０９
NSS-012

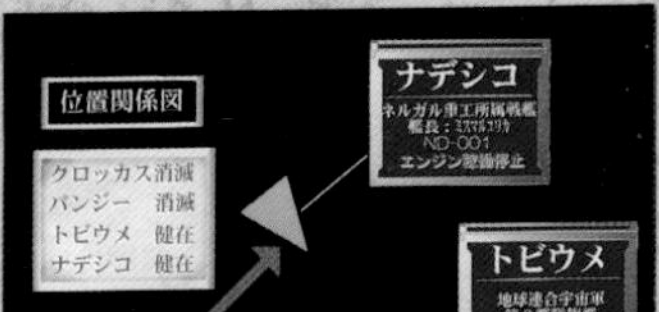

木星蜥蜴の侵攻は地球衛星軌道にまでおよぶ

ワンポイントチェック　ONE POINT CHECK

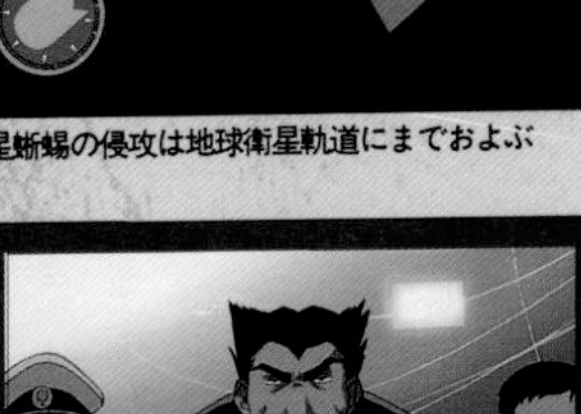

われわれは、つねに努力を怠らない。だからこそ木星蜥蜴を打ち破ることができるのだ。もちろん、わが娘ユリカの協力も大きな武器となっておるぞ！
（地球連合宇宙軍
提督ミスマル・
コウイチロウ）

情報分析学

**木星蜥蜴との戦争が続く現在において注目される分野が情報分析学である。
敵の戦力や兵器などを限られたデータから推測することで、それに対抗しうるのだ。
これからの地球を担うには、すぐれた分析能力をもつ人材が望まれることだろう。**

戦争によって新たに求められる発展

木星蜥蜴と呼ばれる謎の敵との遭遇によって、地球は宇宙戦争時代を迎えた。2195年の第一次火星会戦で露呈した科学力の差はいかんともしがたく、それに対抗するには、まず第一に敵の戦力を正確に分析することが求められた。それによって新たに注目され、分野として独立した研究をなされるようになったのが情報分析学である。

たとえば、パイロットとして出撃した際に、コンソールなどに表示されるデータは、自機の状態や敵の攻撃状況、戦場の環境など、じつに莫大な量となる。それを瞬時に取捨選択し、最適な行動をとることによって、戦況が有利に展開する。それを停滞することなく行なうためには、情報分析学の基本的知識が必要となるのだ。

コクピットでデータを見ながら操作するパイロット

ここで述べたのはひとつの例でしかないが、このようにありとあらゆる分野で求められている知識だということは理解できるだろう。では、木星蜥蜴の戦力分析を中心に、実際のデータから読み取れることを、実戦的に学習してみよう。

まず、木星蜥蜴の艦隊母艦だと思われるチューリップのデータから見てみることにする。なぜ、チューリップが敵艦隊の母艦だと考えられているのか。それは戦闘時のチューリップに見られるデ

チューリップ #1
重力波反応増大
チューリップ #1
重力波反応増大

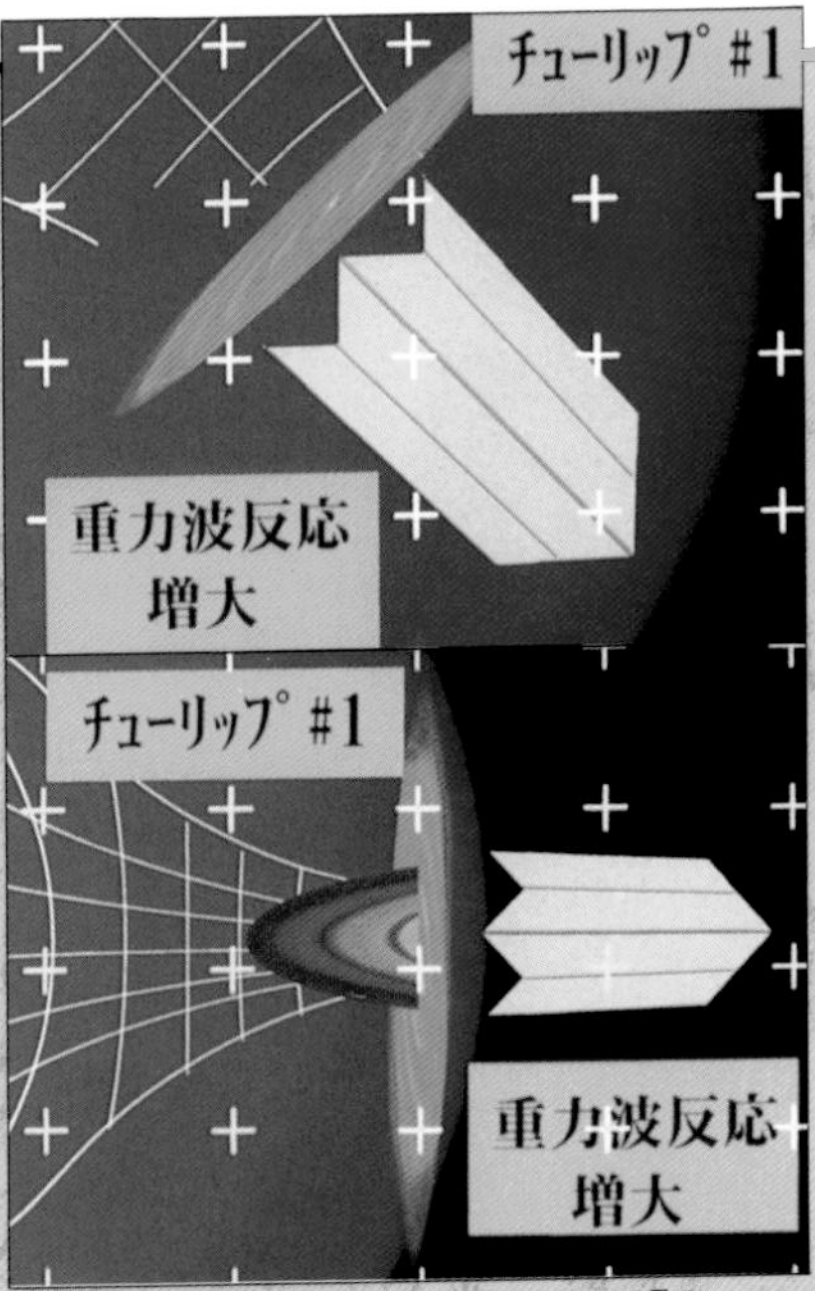

戦艦出現時のチューリップのデータをモニターで見る

ータを分析すれば一目瞭然である。

チューリップの口にあたる部分が開いたとき、その前方にある空間の重力反応が増大し、敵の前線兵器であるバッタやジョロが出現する。バッタやジョロは、今のところそれ以外の方法で出現したケースは見られない。

ということは、チューリップは敵艦隊母艦であるということになる。

しかし、質量的に見ると、チューリップの中に入っているとは考えられない数の戦艦などが出現することがある。これについては、また「次元構造学」の項目でもふれるが、ボソンジャンプと呼ばれる一種の瞬間移動によって送り出されているのではないかと思われる。それは、敵戦艦が出現する際に異様な重力反応が見られることからの推測にすぎないが、現在も研究が進められているので、ほどなくして解明されることであろう。

敵接近中

チューリップ　戦艦

敵木星戦艦散内訳
大型戦艦　増大
小型戦艦　増大
ジョロ
バッタ

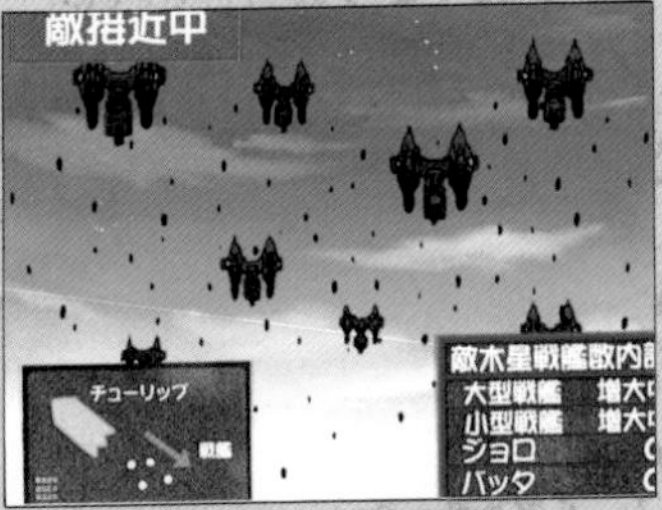

チューリップから排出された敵戦艦群

ワンポイントチェック　ONE POINT CHECK

情報を分析したからって、勝てるとは限らないでしょ。なんだろうと強いほうが勝つのよ。世の中、負けたらオシマイなのよ。アタシはぜったい勝ってみせるわ！
（ムネタケ・サダアキ提督）

海中から浮上したチューリップ。この時点では内部に戦艦の影は見えない

チューリップの基本構造と機能

　初めてチューリップが目撃されたのは、第一次火星会戦以前、太陽系の火星〜木星間に広がる小惑星帯付近であった。このときは、チューリップから出現した戦闘機もそれほどの数ではなく、たんなる異形の空母ではないかと考えられていた。

　しかし、第一次火星会戦時にチューリップが排出した戦艦、戦闘機の数は質量的にも信じられないほど多数で、未知の科学力を使用した物体であると推測される。

　その後、地球側の戦艦に重力波観測モニターが装備されるようになり、そこで初めて時空の歪みを発見したのである。それはチューリップの口が開いたときに発生し、そこから異様な重力反応とともに戦艦が出現する。このことから、最近になって、チューリップは一種の異次元空間ゲートの役割を果たしているのではないかと考えられるよ

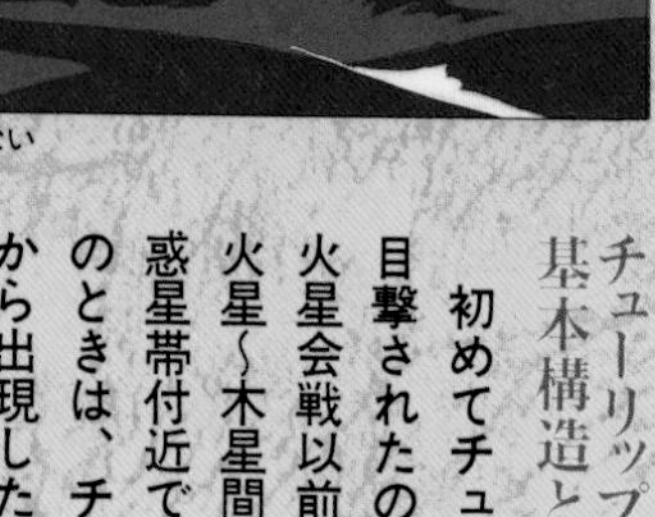

チューリップには、謎がいまも残る

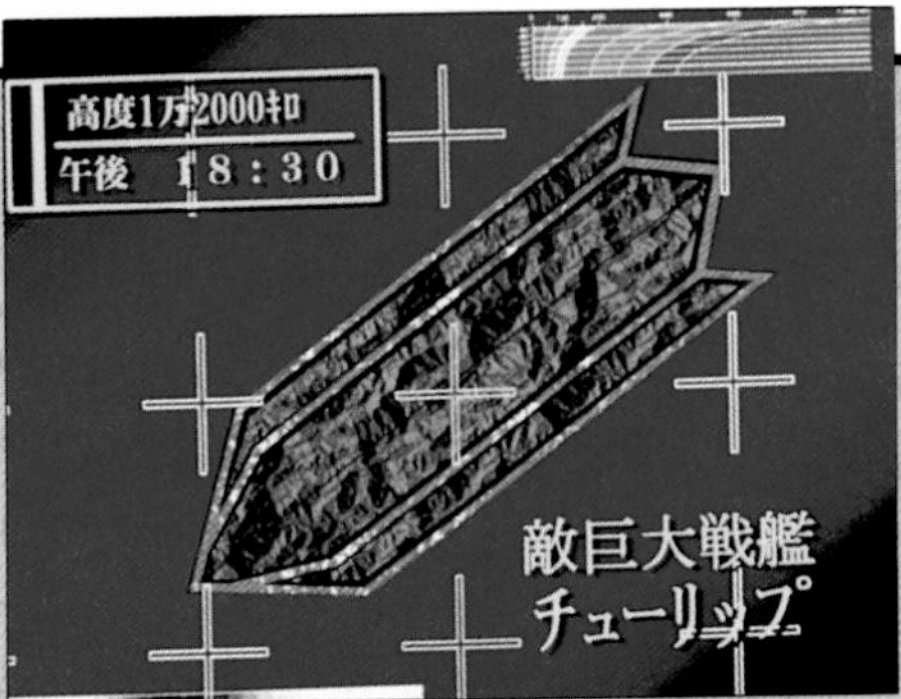

チューリップを軍艦のモニターで見る

うになった。

つまり、チューリップは単独で存在するのではなく、必ず2隻以上がセットになって初めて機能するようにできていると想像される。1隻の口から内部に侵入すると、異次元を通過して、もう1隻のゲートから通常空間に戻ることができる。大艦隊による遠距離移動や補給を容易にするには、これ以上はないシステムであろう。

通常、木星蜥蜴が攻撃のために送り込んでくるのは、バッタやジョロなどの無人兵器に限られている。たしかに無人兵器でも人的資源をムダにせずにダメージを与えられるが、それのみで地球を侵略することは困難を極める。このことから推測するに、チューリップ内の空間は生身の人間には通過できないのではないだろうか。

これについても、現在研究が進められている。そして、その基となっているのは、戦闘時に収集したデータから情報分析学によって推察された理論である。これを忘れないでほしい。

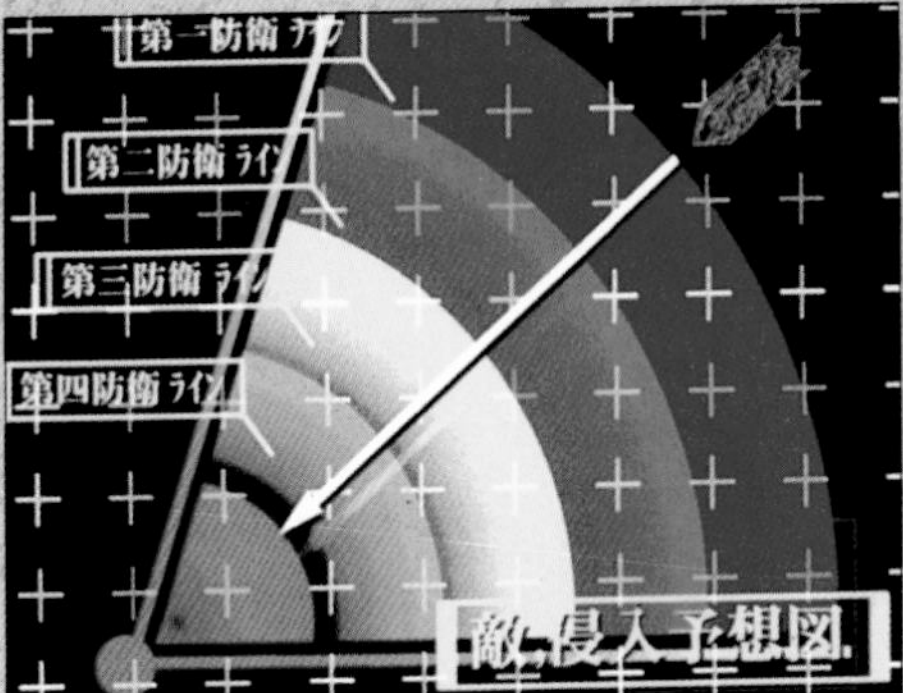

チューリップは装甲も固く、防衛線を一挙に突破してくる

ワンポイントチェック ONE POINT CHECK

情報分析……私の得意な分野ね。これで私の説明の重要性がわかってもらえたと思うわ。ひとこと説明を付け加えるならば、この学問における……え？ もう終わり？

（イネス・フレサンジュ博士）

木星蜥蜴における
そのほかの兵器

この分野において探求すべきものは、もちろんチューリップだけではない。その中から排出される幾多の兵器もまた、情報分析が必要とされる研究対象である。

次ページにまとめて写真を掲載したが、これが現在ある程度分析が進んでいる敵兵器である。その性能や性質を、今まで収集されたデータから実際に推察してみよう。

まず、バッタと呼ばれる（以後、名称はすべて地球側で呼称されるものである）4脚の兵器であるが、これは全高が成人の身長ほどであり、攻撃力もあまり高くないことから、戦闘機のような存在ではないだろうか。事実、飛行形態も認められており、その場合は脚部を半分に折りたたむような形になる。背面部装甲は衝撃耐性の高い球面状で、その装甲が割れると中からミサイルが現われるようになっている。装備としても、ちょうど戦闘機と同程度であると考えていいだろう。

このバッタと同じく、目撃回数のたいへん多いものにジョロがある。これは6脚の兵器で、全高はバッタと同じく成人身長ほどである。飛行形態は確認されていない。武器は銃口が確認されているのみで、ミサイルなどは搭載されていないらしい。特徴としては、脚部にスパイクのような補助爪をもち、これを使用することで垂直の壁面や天井にも取りつくことができる。このことから、ジョロは歩兵のような役割を負っているのではないかと考えられそうだ。

次は、火星の氷原で確認されたオケラを見てみよう。写真でははっきりとは確認できないが、本体の後部にしっぽ状の長い部分がついている。また、前方に突き出すドリルを装備している。これは、氷の中を自在に移動するに適した形状で、活動地域に即した設計になっているといえよう。攻撃力はそれほどでもないが、移動速度が速ければそれだけ有利になる。

最後にナナフシと呼ばれる巨大兵器を取り上げる。これは、マイクロブラックホールによる重力波レールガンを装備した遠距離射撃専用の兵器である。そのため、近距離の攻撃には向かず、ほかの兵器での補助が必要になるが、攻撃力は最大と言っていいだろう。ただし、多大なエネルギーを消費するために、連射はできないと推察される。

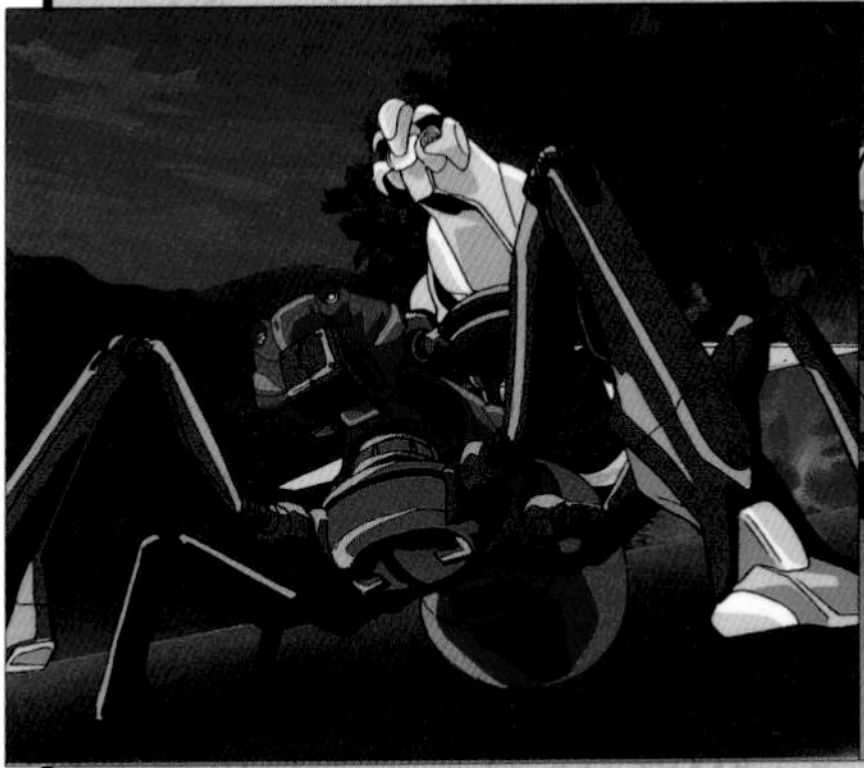

バッタとともに出現する率の高いジョロ

いちばん目撃回数が多いバッタ

チューリップより巨大なナナフシ

火星でナデシコに観測されたのみのオケラ

ワンポイントチェック ONE POINT CHECK

たしかに木星蜥蜴は、さまざまな優れた兵器を保持している。しかし、どうしても勝てない相手ではない。すべては君たちにかかっている。若者たちよ、がんばってくれ。（フクベ・ジン提督）

木星蜥蜴についての新たなるデータ

分解される木星蜥蜴のロボット

さて、ここまでは現在確認されたデータから推測される事実について述べてきたのだが、データ自体は今でも増え続けている。今度は、未確認のデータから信用性のある事象を抽出してみたい。

木星蜥蜴の兵器というと、今までは昆虫を連想させるようなデザインのものが多数であった。しかし、地球のネルガル社実験施設に現われたものは、明らかにコンセプトが違っている。これは人間型の二足歩行ロボットで、内部にコクピット状のブロックが発見されている。現在も機動戦艦ナデシコ艦内で分解調査中だが、それがコクピットであると仮定すれば、それは操縦者がいたことを意味している。

無人兵器での攻撃のみを行なってきた木星蜥蜴が、どうして今になって有人兵器を送り込んできたのか。その仮説として考えられるのは、今までは何らかの問題によって無人兵器しか製造できなかったか、あるいは人的資源に乏しかった、ということである。

これには科学的な問題として、ボソンジャンプと呼ばれる次元移動が関係している可能性が高いが、これは仮説の域を出ない。現在のところはデータ不足で判断不能であるが、近日中には研究が進み、事実が明らかにされるだろう。

ワンポイントチェック ONE POINT CHECK

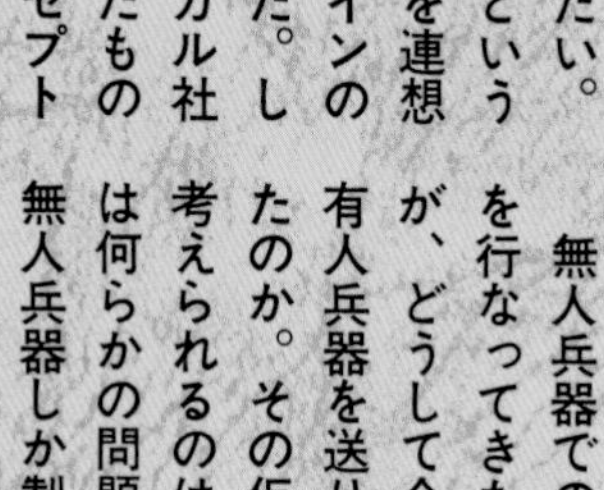

いや、ぜったいホントだって。オレは見たんだ。コクピットにゲキ・ガンガー座布団があったんだよ。木星のやつらって、ゲキ・ガンガーオタクの集団なんじゃねえか?
(整備士ウリバタケ・セイヤ)

木星蜥蜴の正体と目的を考える

　さらに衝撃的な事実として、木星蜥蜴の正体が人間であったと一部で報告された。これはまだ未確認ではあるが、外見的には地球人とまったく変わりはなかったという。木星蜥蜴と接触のあったある人物によれば、「木星圏ガニメデ・カリスト・エウロパ及び他衛星小惑星国家間反地球共同連合体、突撃宇宙軍優人部隊少尉、白鳥九十九」と名乗ったらしい。

　人類の歴史を振り返るに、宇宙への進出は火星域までとなっている。それより遠距離にある惑星については、植民の事実は確認できない。しかし、別惑星に派生した生命体がここまで人間と似通っているという可能性は、限りなくゼロに近い。

　この謎についても、ある程度の確実なデータがそろい、研究が進めば判明することではあるが、一部ではすでに公然の秘密になっていたという話もささやかれている。

　もしそれが事実だとすれば、当然のことながら地球の首脳部が故意に情報を隠匿したという可能性が強い。木星蜥蜴の正体よりも、首脳部のありかたが追及されてしかるべき、ゆゆしき事態であるといえよう。解明が待たれるところだ。

木星人と思われる人物を連行するナデシコのクルー

ワンポイントチェック ONE POINT CHECK

あまり深く考えないほうがいいと思うよ。自分がよければ、それでいいんだからさ。まだ死にたくはないだろ？　相手が誰だろうと、倒せばいいんだよ。
（エステバリス・パイロット、アカツキ・ナガレ）

次元構造学

次元構造学

次元構造学もまた、第一次火星会戦以後になって重要性を増した分野である。木星蜥蜴の存在と科学が大きな推進力となったことは無視できないが、今後の研究によっては、地球の新たな発展を担う学問となることだろう。

異次元の存在とボソンジャンプ

サイエンス・フィクションの世界では、すでに20世紀から登場していた異次元という概念。しかし、3次元世界の住人である人間にとっては、4次元以上の高次元を体験することはできない。まれに、超能力者は異次元を通過して瞬間移動するらしいが、これは科学的に証明されたわけではないので割愛しよう。

だが、前項の「情報分析学」で述べたように、木星蜥蜴はチューリップを使用することで瞬間移動、いわゆるボソンジャンプを可能にしたと考えられる。事実、地球でチューリップに吸い込まれた戦艦クロッカスは、火星の氷原で発見されている。また、火星極冠付近でチューリップに入った機動戦艦ナデシコは、異次元を通って月軌道に出現した。

しかし、瞬間移動だと考えられていたボソンジャンプだが、ナデシコはチューリップ侵入から脱出までに、なんと8か月もの時間がかかっている。

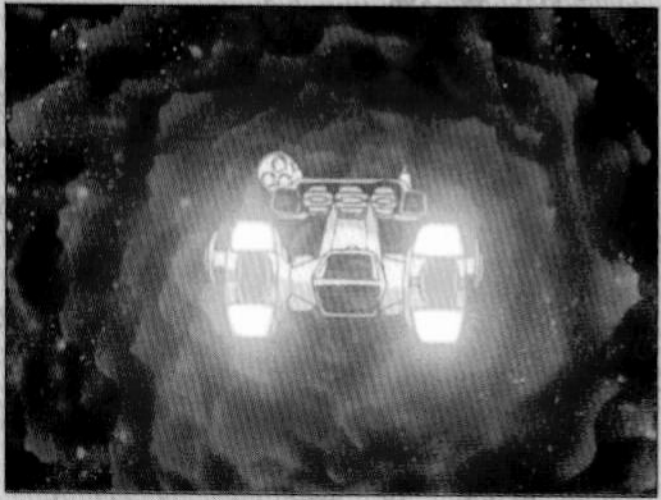

チューリップに侵入するナデシコ

ボソンジャンプ終了後のナデシコ・クルー

時差が出た原因を究明する研究者

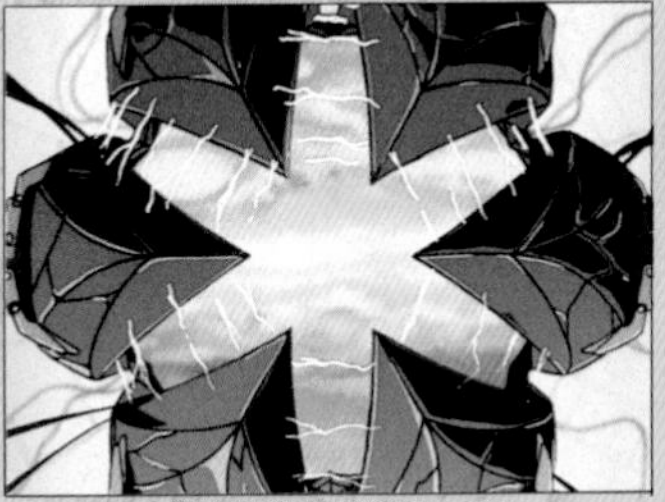

チューリップ内部の異次元空間をのぞむ

すべてのジャンプにおいてその法則が適用されるなら、兵器としてのチューリップは成立しないだろう。それに加えて、クロッカスの消失から発見まではそれほどの時間は経過しておらず、ナデシコのケースが普遍的ではないという証明になっている。

これほどの時間差が出た理由を推測するに、木星蜥蜴は何らかのコントロール・システムをもっていて、瞬間移動を可能にしているが、それがなかった場合においてのみランダムな結果が現われるのではないだろうか。

それを実証するための研究実験が続けられ、捕獲したチューリップへの侵入実験も行なわれている。だが、侵入したマシンは大破し、乗員は行方不明となった。理由として、人間は異次元空間に対応できないことが考えられるが、ナデシコの場合は全員が無事に通常空間に帰還したことが確認されている。これは、まだ立証されていない力の存在を思わせるが、それは乗員の特殊性にあるのだろうか。いずれにせよ、立証には時間がかかるものと思われる。

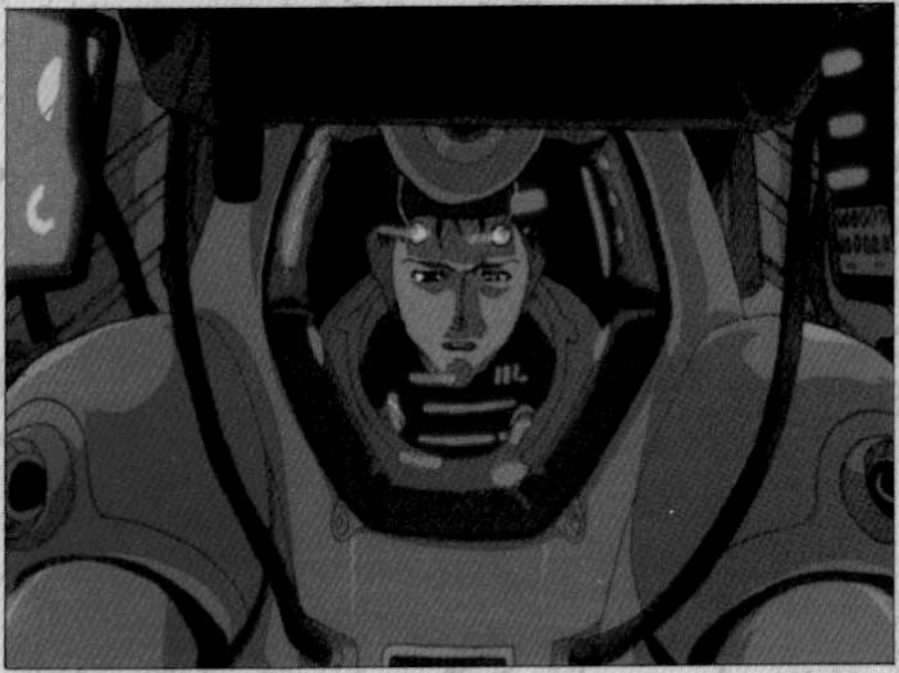

生体ジャンプ実験に参加したパイロット

ワンポイントチェック ONE POINT CHECK

ジャンプの状態で、テンカワ・アキト、ミスマル・ユリカ、イネス・フレサンジュが艦内で瞬間移動した映像は見逃せないわね。興味ある事実だわ。
（副操舵士エリナ・キンジョウ・ウォン）

火星社会学

コロニー計画により開発され、多数の入植者を迎えた火星だが、
木星蜥蜴によって攻撃され大破し、現在は木星蜥蜴の勢力下に置かれている。
それでは、火星とはどんな惑星なのか。社会学的に考察してみよう。

地球人が残した遺産と損害

火星は本来、地球人が生息できる環境ではなかった。水も空気もなく、砂漠が広がっているような過酷な状態ではあるが、地球からいちばん近い惑星としてコロニー計画の入植地に選定されたのは当然の結果といえよう。

上空から見た火星の風景

人類が移住するにあたり、最初になされたのは環境の改善であった。これに活躍したのがナノマシンである。大気中に散布されたナノマシンは、自己増殖しつつ大気の状態を地球環境に近づけ、同時に宇宙からの有害な紫外線を防ぐ。また、地中などにも昆虫や植物の機能をもつナノマシンが散布された。それによって、火星でも地球とほぼ同様の生活が営めるようになり、一時期は都市群を形成するまでの発展を

戦争によって大破したコロニー

火星の地下にもぐっていた生存者の姿

遂げた。

しかし、２１９５年に木星蜥蜴による火星侵攻があり、衛星軌道からの攻撃や戦いの余波によって都市は多大な損害を受ける。墜落した戦艦によって、ひとりの生存者もいないまでに壊滅状態となったコロニーもあり、かろうじて生き延びた入植者も地球に引き揚げざるを得なかった。以後、火星は木星蜥蜴の勢力下に置かれることとなる。

だが、一部の入植者は引き揚げもかなわず、木星蜥蜴の目を逃れて地下にもぐっていた。エネルギー反応などで発見されやすいため、その生活は非常に原始的なものであったと推測される。それも攻撃を受けて全滅した。

大気中のナノマシン群をぬけるナデシコ

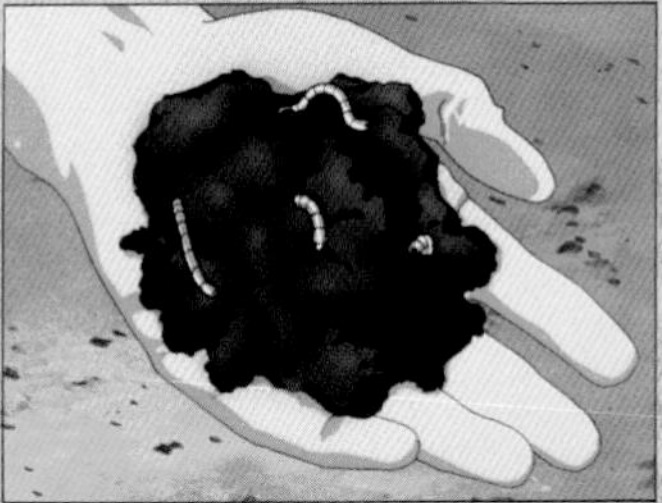

地中の虫型ナノマシン

あまり知られていないことだが、実は人類の入植以前にも高度な文明が存在したらしい。極冠付近で発見された遺跡は、地球人をはるかに超える科学力でつくられたものであった。しかし、その正体は何なのか、またどうしてその高度な文明が滅びたのかは、何ひとつわかってはいない。

ワンポイントチェック ONE POINT CHECK

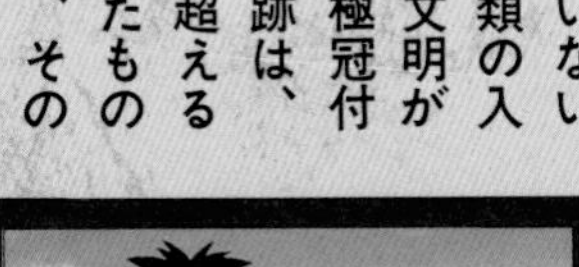

結局、オレたちは誰ひとりとして助けられなかった。オレの生まれた星の仲間たちだったのに…。どうすればよかったんだろうな…。
（エステバリス・パイロット兼コック、テンカワ・アキト）

宇宙戦略論

宇宙空間という特殊環境において、いかに戦いに勝利をおさめるか。
それには正確な知識と経験に基づいた確実な戦略が必要になってくる。
この科目を制覇しない限り、優秀な指揮官にはなれないのだ。

いかに効率よく敵を撃破するか

戦いに勝利するために必要なものとは何か。それは優秀な指揮官と、手足のように動く部下であれは優秀な指揮官と、手足のように動く部下である。では、どんな人のことを指すのだろうか。それは、いかに自軍の損害を少なく敵をせん滅できるかにかかっている。目まぐるしく変化する戦況を把握し、瞬時にして有利な攻撃作戦を立てられる者だけが、優秀という名にふさわしい指揮官なのだ。

基本的に、宇宙という特殊空間であることを除けば、古来より行なわれていた地上での戦略と、それほどの差異はない。地上戦の発展型と考えればよい。作戦立案には、まず最初に状況の把握が必要である。モニターからデータを読み上げるのはオペレーターの役目だが、指揮官が直接モニターを見は立案するべきではない。さて、遮蔽物があった場

モニターに表示された敵味方の勢力図

ヤンマ#2

ヤンマ#1

チューリップ#1

グラジオラス

ガーベラ

アルカネット

位置関係図

い砲撃戦になるケースも多いが、そういった戦術のみにたよるような作戦もすれば戦略もなにもないため、感知されやすく、物が存在しないことが多また、宇宙空間では遮蔽

ータを読み取れる。状況に応じて、メーンスクリーンに転送して確認したい。ただし、モニターはあくまで2次元映像だが、宇宙空間の場合は戦況が立体的に展開することを念頭に置いておくことが必要だろう。

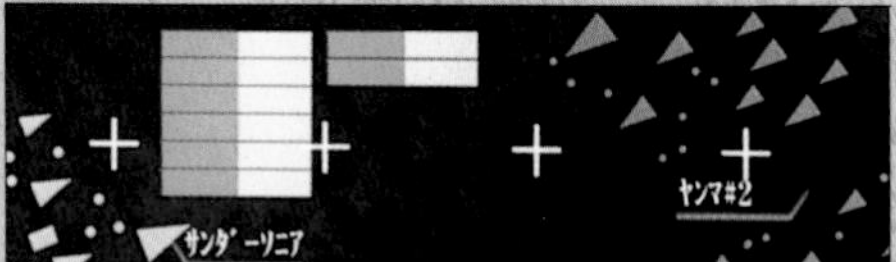

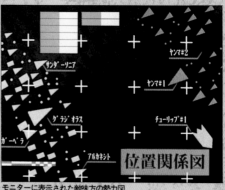

木星蜥蜴の特殊兵器ナナフシ

合はどうか。サンプルケースとして、クルスク工業地帯での木星蜥蜴の特殊兵器ナナフシと機動戦艦ナデシコの戦いを見てみよう。これは宇宙戦ではないが、間に山岳を置いて、その陰から出ると同時に遠距離射撃という作戦は、宇宙空間においても応用できる。この場合で注目すべき点は、経済的な損失までも計算に入れていることであろう。グラビティブラストとミサイルの単価を比較するとミサイルのほうが安いが、作戦で使用する総数量を考えると、ミサイルといえども意外に高くつくことが多い。

実際には、この作戦は失敗に終わっているが、その後に変更となった地上からの攻撃作戦で任務を完遂した。その柔軟な思考能力も、優秀な指揮官には求められている。

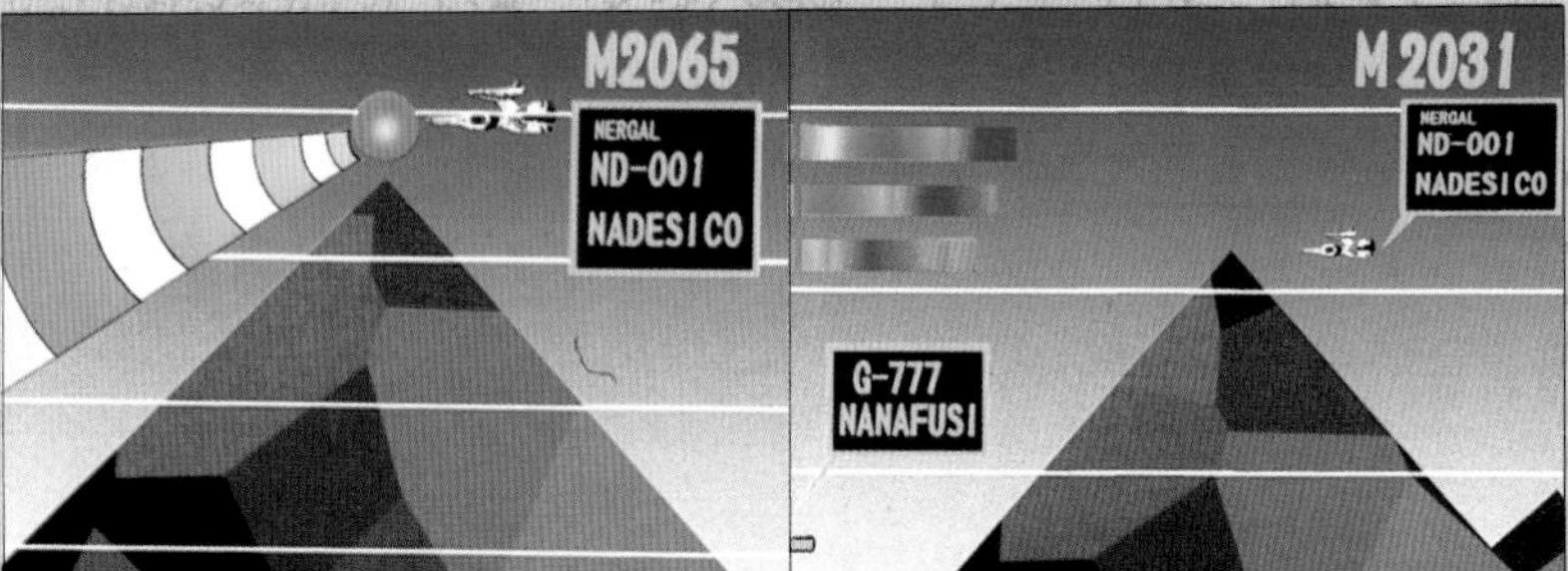
M2065
NERGAL
ND-001
NADESICO
M2031
NERGAL
ND-001
NADESICO
G-777
NANAFUSI

ナナフシに対する攻撃作戦を立案したときのモニター画面

ワンポイントチェック ONE POINT CHECK

優秀な指揮官とかってほめられると、私も困っちゃいます。…え？誰もホメてない？ でもあれは、アキトの活躍があったからこそ、成功したのよ。そうよね、アキト♥

（艦長ミスマル・ユリカ）

ワンポイントチェック　ONE POINT CHECK

一緒にやってみよう!
戦略シミュレーション実習

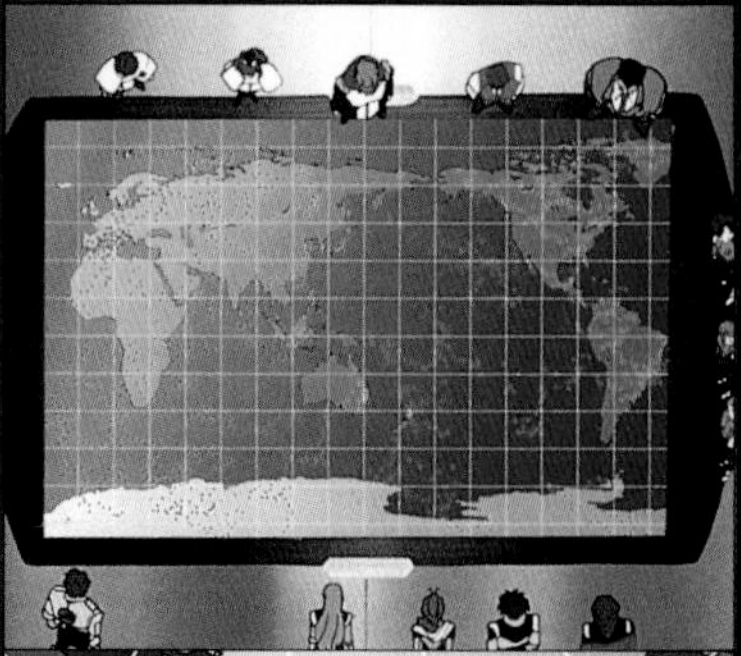

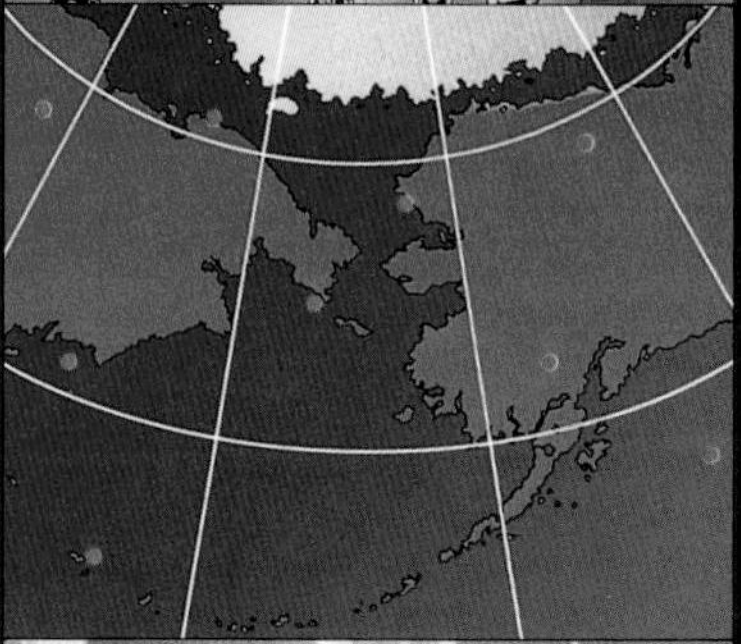

えーと、それではみなさん。連合大学の戦略シミュレーション実習で首席をとった、私ミスマル・ユリカと一緒に勉強してみましょう!

今回の任務は、地球の北極海域にあるウチャツラワトツスク島に取り残された親善大使を救出することです。

まず最初に、モニターで状況を確認します。地図上の赤い点は、チューリップの落下地点で、そのあたりは敵が多いってことですね。ということで、その点を回避しながら目的の地域に向かいます。あまり高度を上げると敵のセンサーにひっかかる可能性があるので、海上ギリギリのあたりを進んだほうがいいんだよね、きっと。この海域は気象条件が悪く、ブリザードとかもスゴイんで、モニターなどもフルに使って、落ち着いてゆっくりいきましょう。

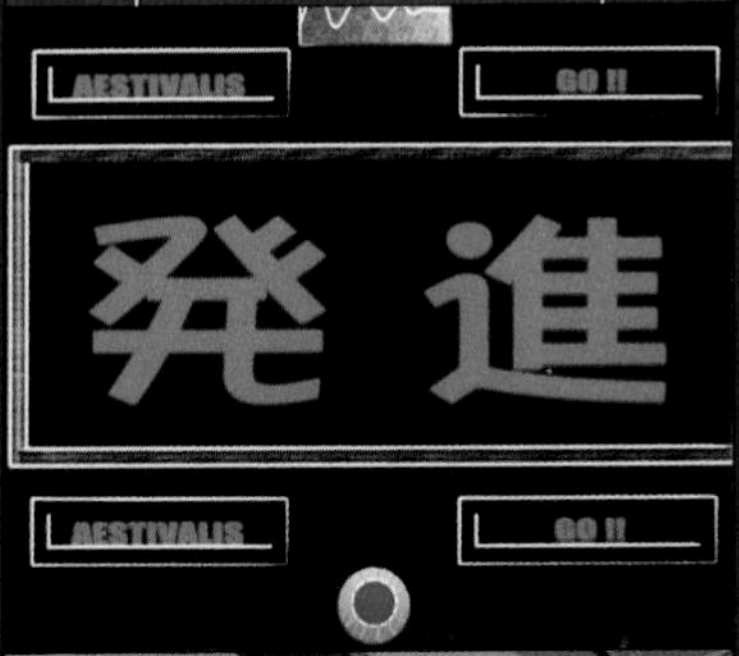

ここでホントはちょっとしたトラブルがあったんだけど、それは置いておいてもいいよね。敵に発見されなければ、そのまま無事に大使を助けられたはずだもん。

なるべく障害物の少ない海域を選んだほうが航行はしやすいです。でも障害物があったほうが、発見されにくいのかな。今は重力波センサーとかも発達してるから、地形はそんなに関係ないんじゃないかな。

目的海域に近くなったら、エステバリス隊を発進させて、目標の大使を捜してきます。だって、エステバリスのほうが大使の回収も楽だし、小さいから便利なんだもん。

万が一、敵に発見されるようなことがあった場合は、ナデシコで交戦しつつ、エステバリスで救出に向かいます。基本的な作戦の変更はナシ！ このほうが、わかりやすくっていいよね。

というわけで、簡単な作戦でしたが参考になったかな？ 条件によってはトラブルが起こったりもするけど、臨機応変でいきましょう！

ではみなさん、がんばって勉強しようね♥

IFS運用論

ナノマシンが実用化されて以後、イメージ・フィードバック・システムによって
操縦されるマシンが、ありとあらゆる分野に導入されるようになった。
ここではその概念から応用までを網羅する形で説明する。

IFSを使用するパイロット

熟練を必要としない画期的なシステム

IFS（イメージ・フィードバック・システム）とは、簡単にいえば頭で考えたことをマシンにダイレクトに指示するシステムである。IFSが開発されるまでは、自分の思い通りにマシンを運用するには、かなりの熟練を必要とした。IFSを導入することで、操作が容易になったのは画期的なできごとだった。

しかし、IFSを使用するためにはナノマシン処理による補助脳の形成が不可欠である。今のところ人体に悪影響はないといわれているが、開発からそれほど長い年月がたっているわけではないので、これからの長期間にわたる処理者への観察が必要だろう。

IFSは、主にロボットや戦闘機に導入されることが多いが、コンピュータ・プログラミングにも使用できる。ただしこの場合、担当者に専門的な教育が必要になるので、現在はごく一部でしか実用化されていない。

技量が問われる雪原での有視界行動　1

技量が問われる雪原での有視界行動　2

運用にあたってのさまざまな利害

ＩＦＳを使用してロボットを操縦する場合、基本的な操作は初搭乗の人間でも行なえる。運用が難しいのは、人間が自分の身体を使っても困難な行動をとらせるようなシチュエーションである。たとえば、氷雪原での歩行、射撃、肉弾での戦闘などは、パイロット自身の技量が問われる場面である。ＩＦＳ自体は、アクセスによるタイムラグなどもほとんど感知できないので、パイロットの技量がすなわちロボットの戦闘能力になる。

また、ＩＦＳを使ってコンピュータにアクセスすることも可能である。たとえば、ロボットが単独行動のまま遭難した場合などに、生存率などをすぐに表示させることができる。それによって、次の行動を決定できるだけのデータを瞬時にそろえることも可能だ。つまり、ＩＦＳによって人間がロボットの脳となった状態と考えるのがふさわしいかもしれない。

遭難時にはIFSでコンピュータにアクセス

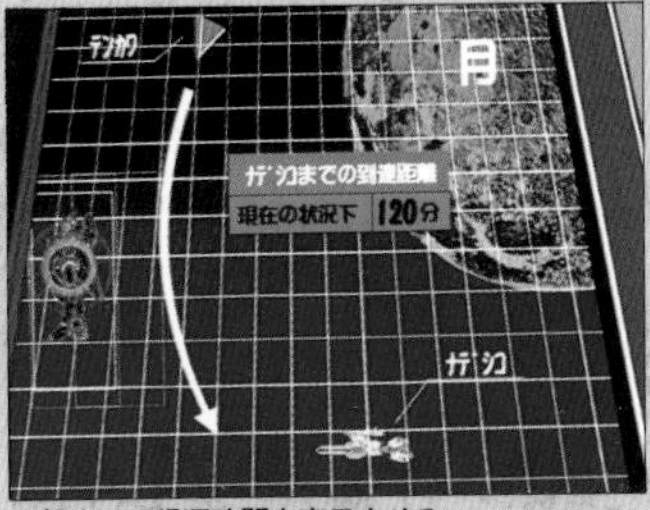

母船までの帰還時間を表示させる

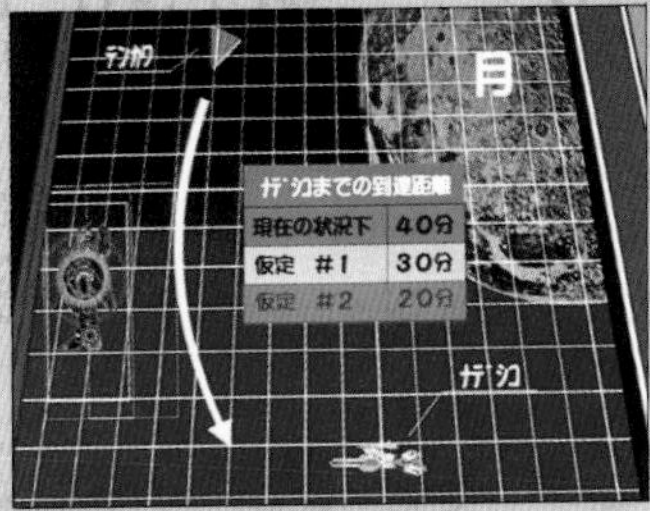

さまざまな条件下でのプランを表示

ワンポイントチェック ONE POINT CHECK

わぁ、ＩＦＳって、スゴイんだぁ。私もナノマシン処理してるけど、知らなかったよーん。びっくりしちゃったな、もう。目玉がびよよーんってカンジ。（エステバリス・パイロット、アマノ・ヒカル）

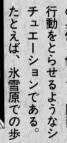

工業デザイン学

この世界の形ある物すべてにおいて、デザインというものは存在する。
いかに実用的であっても、デザインが劣っていると、その性能までをも疑われる。
あまり一般には認知されていないが、生活全般にかかわる重要な科目だ。

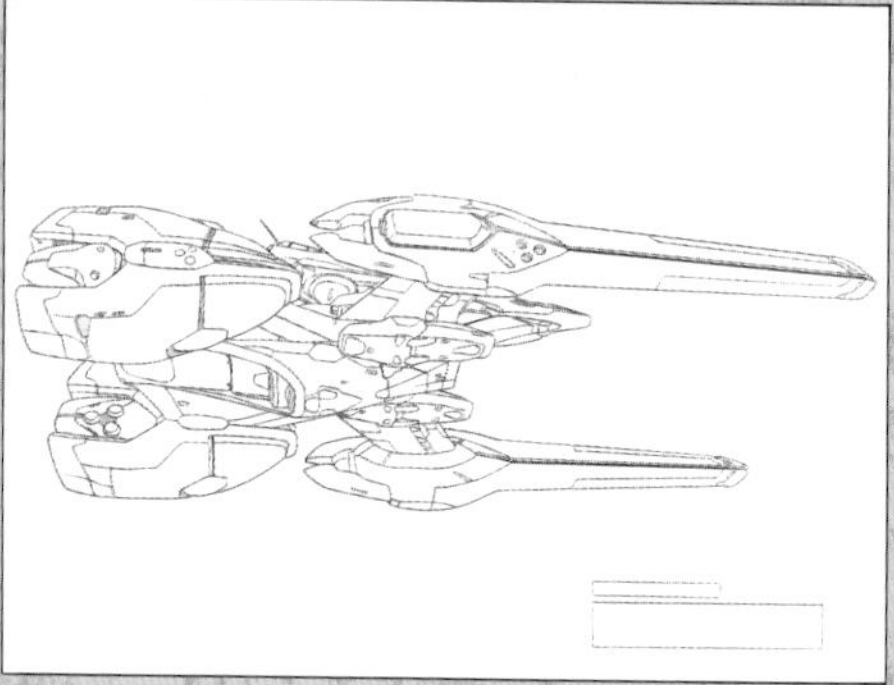

航行中の機動戦艦ナデシコのフォルムを下方より見上げる

工業製品の外観デザイン

一般的に販売されている工業製品は数えきれないほどあるが、売り上げランキングを見ると、必ずしも性能が優れている物だけが売れているわけではないことがわかる。もちろん、購入者の経済力なども関係するが、その中でも見た目のデザインは大きな比重を占めているといえるだろう。

しかし、工業製品のデザインは、見た目が美しいだけでは成立しない。いかに使いやすいか、むだなく機能的であるか。それを外観の美しさと両立させるのは、なかなかに困難なことである。

戦艦などの場合は、デザインによっては性能が基本スペックより劣ってしまうことすらある。そういった事態を避けるためには、専門家ほどではなくとも、関係する各分野における基礎知識程度は身につけておくことが望ましい。

ネルガル重工が製造した機動戦艦ナデシコは、性能とともに機能美にもあふれている。左右から前方に突き出たブレードは、重力波発生装置であるとともに、遠距離射撃の精度を高めるための銃身であり、また安定航行のためのバラストの役割ももっている。特異な形ではあるが、美しさも兼ね備えた外観は特記するに値する。工業デザインを志すならば、こういった優れた作品を生み出す気概をもちたい。

ネルガル・グループの企業ロゴ

ネルガルの戦艦コスモスのエンブレム

同じく戦艦ナデシコのエンブレム

製品のイメージを左右するエンブレム

どの企業でも、その会社のロゴマークというものが存在する。その会社の製品から、封筒や名刺にいたるまで、どこでも目にするものであるからこそ、デザインについては慎重に考えたい。

ここに写真で掲載したものは、どれもネルガル重工関連のロゴマークである。こうしてみると、すべて円形が基本となっているのがわかる。デザイナーは不明だが、その意図を推察してみると、重工業という日常生活にはなじみのない企業なだけに、親しみやすく柔らかな印象を与える円形を全体に取り入れたのではないだろうか。

また、戦艦のエンブレムも同じ理由で円形が基本になっているようだが、こちらは艦名から連想される花を記号化して使用している。塗装もそれほど難しくなく、参考例にふさわしい、よくまとまったデザインである。

ワンポイントチェック ONE POINT CHECK

有名なデザイナーの作品ではないですが、ネルガル関係のマークはどれも上品で洗練されてますね。塗装も安価でできますし、よろしいんじゃないでしょうかね?
(ネルガル社員プロスペクター)

古典芸術学

20世紀末にひとつの文化として認知され、ブームを巻き起こしたアニメーション。その手法は時代とともに変化し、現在では芸術としてのジャンルを確立した。その古典作品の中から、幻の傑作「ゲキ・ガンガー3」を取り上げて検証する。

オープニングのタイトル画面

3人のタイプの違った主人公がそろっている

時代劇としてのゲキ・ガンガー3

ロボットアニメである「ゲキ・ガンガー3」が製作されたのは、21世紀も末のこと。その当時のアニメ業界は、さまざまなパターンが出つくした究極的なマンネリ状態に陥っていた。そのとき、企画会議で「今こそ原点に戻るべきだ」という意見があり、「ゲキ・ガンガー3」の製作が決定したのである。

その原点回帰はハンパではなく、舞台もアニメの隆盛期だった20世紀後半の日本に設定。風俗文化などとともに、当時の社会問題となっていた公害や自然破壊も取り入れたストーリーとなった。

作品のテーマは熱血と友情。すでに初放映から1世紀も時間がたっているが、放映された当時にしても、ほぼ時代劇のような感覚であったと推察される。

パイロット3人が同時にボタンを押さないと必殺技が出ないというような不条理な作り

場所や敵メカの名称はテロップで表示される

3人が同時に技の名前を叫ぶ（音声入力システムではない）

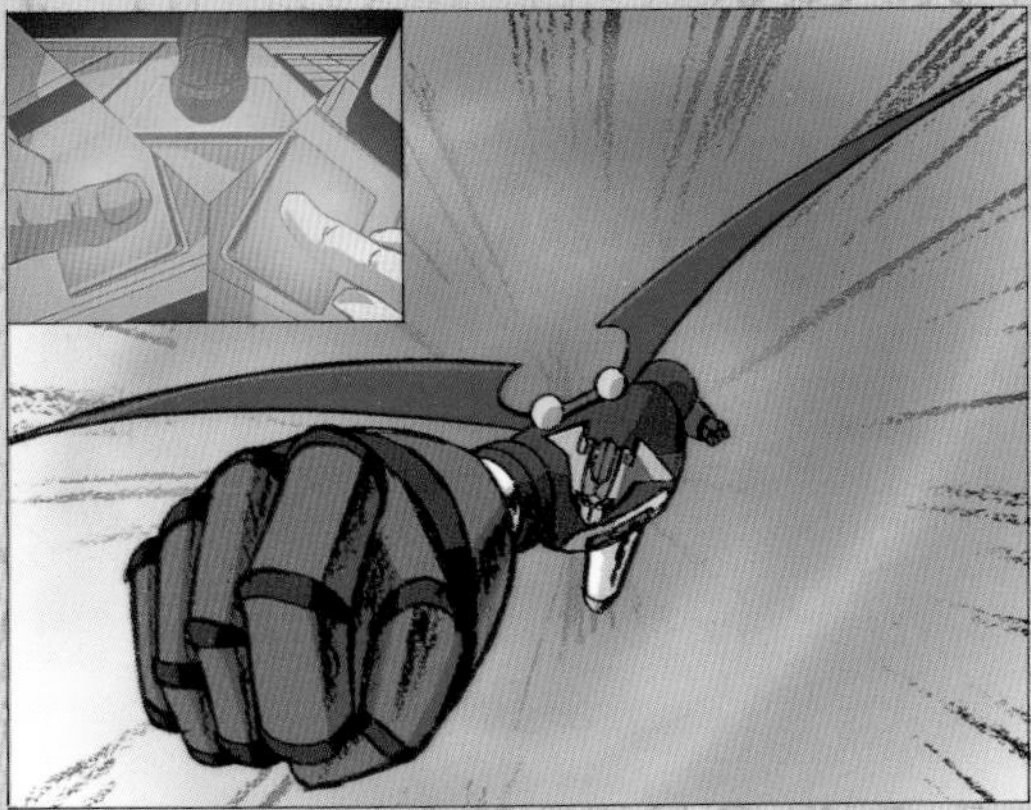

3人が同時にスイッチを押すと最強の技ゲキガン・フレアーが炸裂

でありながら、それが逆に斬新に感じられた。しかし、視聴率的には当初から苦戦をしいられた。玩具も多く発売されるが、話が進むにつれて陰惨なエピソードが増加。テーマをめぐるスタッフ同士の対立もあり、シリーズ途中での降板や交替があいつぎ、最終的には放映時間も変更されて、さびしく終了を迎えたという。

その後、長年にわたり何度も再放送されたことから、またもや人気が復活。根強いファンの声にこたえて再放送を繰り返し、ついにはアニメ史上に残る傑作と評価されるようになった。

ワンポイントチェック ONE POINT CHECK

俺は小さいころに再放送で見たんだけど、すごくいい作品なんだよ。わかんない人にはわかんないんだろうけどね。それでもいいんだ。

（エステバリス・パイロット兼コック、テンカワ・アキト）

永遠のテーマである熱血と友情

作品のテーマとして設定された「熱血」と「友情」。では、それはどのようにして表現されたのであろうか。

まず、作品のビジュアル面から検証してみよう。20世紀末にはすでに失われていた幻の技法「劇画タッチ」を使用することによって、古きよき時代を再現。そのため、CGによる映像ではその迫力が表現できないと、すべて手描きによるセル作画で制作された。この当時、手描きのできるアニメーターはごく少数になっていたため、作画スタッフの養成から手がけたという記録も残されている。また、一種の伝統芸能としてセルアニメ制作を続けていた人間国宝のクリエーターたちも、こぞって制作に参加。実現までには天文学的な予算が投じられた。そのかいあって、膨大な枚数のセル画に支えられたフィルムのできは、目を見張るものがあった。

さしたる理由もなく、ケンカを始める主人公

ストーリーから見ると、現在では実感することのできなくなった情景が、全編に満ちあふれている。たとえば、

パンチにつけられた流線効果に注目

憎みあいつつも、力いっぱい殴りあうことで、互いの理解が深まる主人公のパイロット・チーム。画面に広がる夕焼けをバックに、浮かび上がるシルエット。そこには、忘れ去られた荒々しいまでの男臭さがただよい、ド

大胆なデフォルメやカット割りが随所に見られる

巨大な夕日を背景にした熱気を感じるシーン

ラマチックな劇中歌が流れる。たしかに実際の生活とはかけ離れた世界だが、見る者を引きずりこむような未知のパワーが存在した。

また、パイロットが男性のみで、女性は単なるアイドルとしてしか登場しないというのも、男女差別が叫ばれ始めた20世紀後半の風俗を考えた設定であった。

SF考証も非常にあいまいで、考えられないほど矛盾した現象がたびたび起こる。その荒唐無稽さを笑い飛ばすような、きわめて強引なストーリー展開。そのアンバランスも魅力となる、エンターテインメント精神に満ちた傑作であった。こういった歴史に名を残す作品がこれ以降出現していないのは、文化として閉塞した状態であると言わざるを得ない。古典にたよることなく、文化的進歩をとげることも、先進的人類にとっての急務となるだろう。これからの発展を望む。

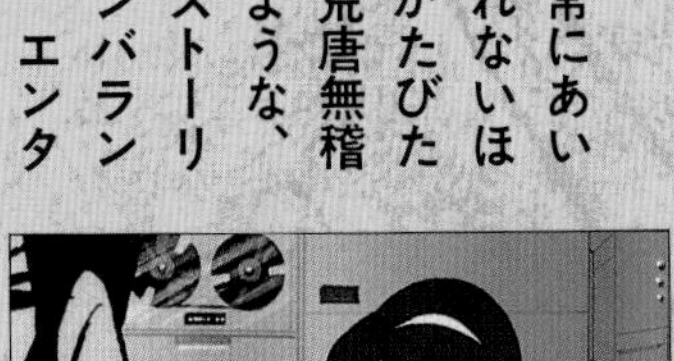

女性は必ず主人公たちの応援にまわった

キャラクターの描き分けの妙

主人公のライバルが登場

「ゲキ・ガンガー3」には、敵として異星人が登場する。また、主人公のひとりは異星人との混血児であるという設定も存在した。

　ある惑星に生物が派生したと仮定して、惑星の環境が違えば、当然そこに生まれる生命の形態も違ってくる。もちろん、遺伝子的な交配も不可能に近い。こういった宇宙生物学は今でこそ常識となっているが、舞台となった20世紀後半の時代には、一般的に浸透していなかったため、こういったムリのある設定が行なわれたのではないかと思われる。

　作品中では、たとえ異星人であっても、その外見はほとんど見分けがつかないくらいに地球人と酷似している。また、何の伏線もなく会話をかわすシーンも存在する。

　しかし、その設定を逆手にとって、敵の前線司令官が地球人に扮装して調査のために潜入。カルチャーショックを受けるといったエピソードが制作された。また、敵味方同士の恋愛といった切ない恋物語を描くことができたのも、うれしい誤算だったかもしれない。

地球人がコスプレしたような敵方のキャラクター

　また、外見的特徴から類推されるステロタイプの性格設定をして、キャラクターの見分けをつけやすくするとともに、親しみをもたせることにも成功している。そのため、就学以前の幼児から、社会人となった大人まで、どの年齢層でも理解できるわかりやすい展開となり、結果として幅広いファンから支持を受けることになった。

もちろん、その部分を指摘して、作品としての評価を低くする者も多数いたらしい。しかし、話題性こそが最大の評価とされていた放映当時のアニメ業界においては、まさに旋風を巻き起こしたと言いきっても、さして問題はないだろう。

それこそが、まさしく「ゲキ・ガンガー3」の世界なのだ。

敵司令官が行なった地球人の扮装

敵司令官も知らなかった奇襲作戦が実行される

作品のテーマとして重要なポイントは、いかに異星人同士の交流をはかるかである。そのためには、生物学的に酷似したキャラクターも必然となってくる。その中での描き分けの妙は、筆舌につくしがたいほど見事だ。

それを念頭に置いてから、もう一度作品を味わってみてほしい。

肌の色でしか区別のつかない異星人の少女

非現実的な生と死の日常

キャラクターのひとりは、戦いの最中で死んでゆく。敵の放った槍がコクピットを直撃、それがパイロットの腹部を貫いている。常識で考えれば即死でも不思議はない。この後、死亡したと思われたが、実は冷凍保存治療によって甦り、再びロボットに乗り組む。こうした非現実性の死が子供に悪影響を与えるとして、教育的見地から非難を受けたらしいが、どう考えてもフィクショ

死んだと思われた海燕ジョー

これが問題の残酷描写シーン

ワンポイントチェック ONE POINT CHECK

ここのシーンは泣かなきゃウソ。私、何回見てもボロボロ泣いちゃいます！ そうそう、海燕ジョーのお葬式って、ホントにあったんだよ。知ってた？

（エステバリス・パイロット、アマノ・ヒカル）

ゲキ・ガンガーぬいぐるみ人形

ンでしかありえない。そう思って観賞すれば、テーマを高らかに謳いあげた名場面である。それをことさらに取り上げて、作品の評価を下げるようなまねをするのは、愚かなことと言えるだろう。

しかし、この作品の人気は、そういった杞憂が噴出するほど高かった。

関連の玩具は製造が間に合わなくなるほど注文が殺到し、スポンサーの玩具メーカーも対応に苦慮したらしい。ほかにもノートやシールなどの文具、シャンプーや食器などの関連商品も数多く製造された。その記録は今でも残っているのだが、残念ながら完全な形での製品は、ほとんど確認できなくなっている。

その理由として考えられるのは、子供向けの日用品であったため、実際に愛用する者が多く、損傷がひどくなり廃棄されてしまったのか。または研究者の手に渡ったまま、門外不出となっているケースも有り得る。まれに、玩具店などで発見されることもあるが、闇ルートでの高値取り引きの対象になっている。

完全な形で残っているものは、博物館などで見ることができる。研究資料としても貴重な価値があるので、この分野の専攻を希望する者は、ぜひ一度足を運んでみたい。

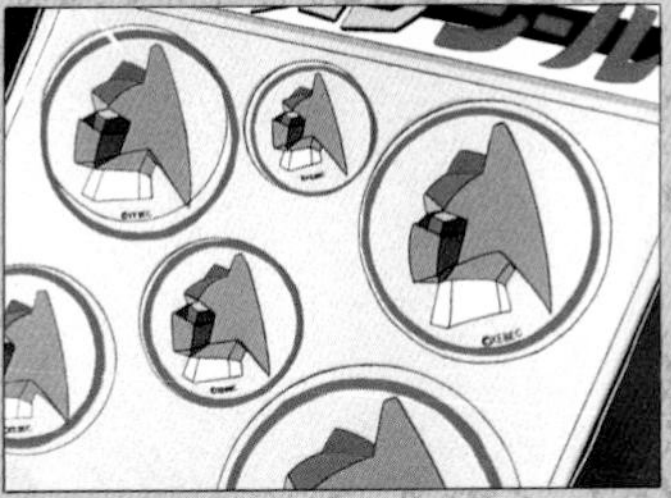

完全な形で残るゲキ・ガンガーシール

ワンポイントチェック ONE POINT CHECK

この作品が人気あるのはわかったから、そこらへんにオモチャを置いておくのをやめてくれないかしら？　けっこう、イキナリ夜に見たりすると、ブキミなのよね。

（操舵士ハルカ・ミナト）

これ一冊で
すべてがわかる

連合大学受験用
コンサイス参考書

◉ナデシコ書籍部編

CONTENTS

週刊ナデシコ自身
ナデシコ
ファッション
大研究
スクープ!!
ハルカ・ミナトに
木星の恋人!?
メグミ、
辛い恋に
終止符!?
他、恋愛混線スクープ!!
本誌特派記者がつづる感動秘話
戦場のヒューマン・ストーリー
2196年の
モテル男
大研究
独占INTERVIEW
アカツキ・ナガレ&エリナ・ウォン

発覚!!あのゴートとミナトがオフィスラブ

しっとりと大人の恋……

人けのないナデシコのブリッジで、熱いKISS……。アツアツの2人のようすは、艦内のいたるところで見かけられているとか。もうゴールイン間近か!?

宇宙工学・科学の粋を集めた最新鋭艦、地球の希望の星、あの戦艦ナデシコ内から、ホットなニュースが飛びこんできた！なんと、あのネルガルのタフ・ガイ、ゴート・ホーリーと、ナデシコ操舵士のハルカ・ミナトの熱愛が発覚したのだ。

事情通によれば、2人の仲は、ハルカ・ミナトが操舵士にスカウトされた時点からすでに始まっていたとか。その後、世間の注目がエースパイロットのテンカワ・アキトと、艦長のミスマル・ユリカ、通信士メグミ・レイナードの三角関係に集まる中、密かに愛を育んでいたもよう。

だが、ナデシコには艦内恋愛禁止という規則がある。クルーの強い反発にあい、すでに有名無実と化しているとはいえ、お目付役という立場のゴート・ホーリーみずからの規則破りに、ネルガル幹部は苦い顔。

また、近々ナデシコは正式に地球軍に組みこまれることが決定しており、クルーの立場も微妙になってきた。今後のことで言い争う2人の姿が目撃されたという情報もあり、どうやらすんなりゴールインというわけにはいかないようだ。

クリスマスパーティーでのワンショット

2人だけで仮装パーティーを抜け出す姿を目撃！　相変わらずのアツアツぶりを披露した2人だが、その後は何やらシンコクムード。地球軍への参加で、2人の愛も揺れている!?

ナデシコの同僚は…

ミスマル・ユリカ

「えぇーっ！　ハルカさんとゴートさんが？　全然気がつきませんでしたぁ。いいなあ。私も、早くアキトと……。え、規則？　何ですか、それ」

メグミ・レイナード

「いったい何を言えというんですか!?　私、今それどころじゃないんです。いいですよね、ハルカさんはモテモテで。どーせ私は嫌われ者ですよ」

ホシノ・ルリ

「コメントと言われても、大人のことはよくわかりません。わたし、少女ですから……。2人が、ブリッジでオフィスラブしていたなんて知りません」

●「どーでもいいけどさ、オレたちには艦内恋愛禁止とか言っといて、そりゃないんじゃないの!?」（ウリバタケ・セイヤ）●「オフィスラブでおいらぶす……ウフフ」（マキ・イズミ）●「ユリカとメグミちゃん、どっち選ぶって……し、質問が違うじゃないですか」（テンカワ・アキト）

ゴート氏―緊急記者会見!!

交際を否定するゴート氏。立場上、認めるわけにはいかないのだろうが、苦しい言い訳だ

―ハルカ・ミナトさんと交際中とのウワサですが。

ゴート「まったくの事実無根だ」

―人けのない艦内で、2人きりでいるところが、何度か目撃されていますよね。

ゴート「確かに、ハルカ・ミナトとは、2人で会うこともあったが、それはあくまで仕事の上でのことだ。まず、ナデシコには艦内恋愛禁止という規則がある。それを無視して、私と彼女が付き合うことなどありえない」

―クリスマスパーティーの夜、お2人が会場を抜け出したという関係者の目撃もあるんですが。

ゴート「む……。現在、ナデシコクルーは、地球軍への参加問題でデリケートになっている。この微妙な時期に、くだらないことであまり騒ぎ立てないでほしい」

三角関係に終止符!?

メグミ、悲しい決着

もともとメグミのほうが積極的だったとはいえ、アキトもまんざらでもないようすだったのだが……。いつから2人の歯車が狂いだしたのか

ナデシコが地球軍の傘下に入ることが決定し、アキトは艦を降りることに。メグミは、けなげにも通信士の職を捨て、彼について行くことにしたが……

艦長のユリカとの三角関係で注目を集めていた通信士のメグミ・レイナードと、パイロットのテンカワ・アキトの破局が、ついに決定的になった。一時は、2人きりでナデシコから下船するほど仲がよかったが、新生活を送るはずのヨコスカシティで、何らかの問題が発生したようす。

その辺りをテンカワ事務所では「2人の価値観が違ったということです。まあ、もともとそれほど親密に付き合っていたわけではありませんし。もちろん、レイナードさんも納得していることです」と説明する。だが、一方のレイナードサイドは沈黙を守ったまま。いったい、2人に何が起こったのだろうか。

2人をよく知る関係者はこう語る。「だぁからあ、メグちゃんは2人きりで幸せな生活が送れれば、それで満足だったのね。

2人だけの楽しいディナー♡のはずが

おりしも街はクリスマス一色でムードたっぷり。2人きりで、ディナーを楽しもうとするメグミ。だが、アキトはナデシコのことが気になってウワの空

今は、戦いのことなんか忘れて、私のことだけを見てほしい……。メグミの願いもむなしく、ついにアキトは席を立ち、戦場へと走って行ってしまう

私だけを見て!!

ひとりとり残され「バカ……」と呟くメグミ。これが、悲しい恋にさよならを告げる決心をした瞬間かもしれない。その頬には、涙がとめどなく伝う

でも、アキトくんはみんなが戦っているのに、自分だけじっとしてられなかったの。別に、メグちゃんが自分勝手っていってるわけじゃないよ。ただ、2人の幸せが重ならなかっただけ」考え方の違いが生んだ悲劇。傷心のメグミに一日も早く笑顔が戻ることを祈る。

注目度No.1カップル!!

ユリカとアキトに進展のきざし!?

火星時代から、幼なじみのアキトのことを一途に思い続けて来たユリカ。その想いがついに報われるのか

ユリカに対する想いを否定し続けたアキトも、ついに素直になるときがきたのか？　Xデーはいつだ!?

ウワサの大型カップル、テンカワ・アキトとミスマル・ユリカが、ここにきて急接近とのウワサが流れている。

とはいっても、ユリカは最初からアキト一筋の態度を鮮明にしており、はっきりしないのはアキトだけだった。つまり、アキトさえ一歩踏みこめば、この恋は、ぐぐっと進展する可能性を秘めていたということだ。

そして実は、そのアキトが、最近、ちょっと積極的なのだ。任務中に知り合ったお金持ちのお嬢さんにフラフラしたり、ナデシコの通信士のメグミ・レイナードと浮き名を流したりしたアキトだが、いよいよひとりに絞る決心をしたのか!?　特に、メグミに対する態度と、ユリカに対する態度がまったく変わってきているらしい。

目撃者によれば、作戦行動が終了して、ナデシコに帰還したアキトは、心配して迎えに出たメグミを制し、艦長への報告を優先したとか。パイロットとしては当然の義務かもしれないが、これまでのアキトの行動を考えると、かなり意外な対応だといえる。かつてのアキトなら、積極的なメグミに押されるまま、ひとしきりベタベタしてから、艦長に報告……というパターンだっただろう。

しかし、アキトは変わった。優柔不断な自分を反省したのか、少しずつ、メグミと距離を置こうとしているように見える。その一方で、今まで否定ばかりしていたユリカの想いに、不器用ながら応えるかのような動きが見えている。これは、アキトが自分の気持ちを自覚したことの現われなのか、それとも戦闘の中で成長し、〝男〟としての責任が出てきたということなのか？　アキトが敵ロボットと共にボソンジャンプしたとき、ナデシコ

アキトから初めてのアプローチ??

アキトが死んだと誤解して泣き崩れるユリカに、わざわざ個人通信して無事を伝えるアキト。これまで逃げ腰で、一方的に想いを受け取るばかりだったアキトが、初めて見せた積極的な優しい態度だ

幼なじみから恋人へ!?

いい雰囲気で見つめ合う2人

のために彼を犠牲にしたと泣き崩れるユリカに見せたアキトの笑顔。あの笑顔に、さらなる恋のステップアップの気配を感じたという関係者もいる。また、別の事情通は、2人が正式なカップルになるのも、もはや時間の問題という。

「もともと障害になっていたのはメグミちゃんだけだしー。やっぱさー、幼なじみって王道だよね。それに、あれだけ思われたら、男冥利に尽きるでしょ。嫌よ嫌よも好きのうちって言うしね。そりゃ、同人誌のカップリングなら絶対アカツキ×アキトだけど、現実と想像の世界は別だもん。R子には気の毒だけど、当然の結果って感じ?」(ナデシコパイロットH・A)

とにかく、2人の恋がアキト次第なのは確かなようだ。

スクープ!!
ハルカ・ミナトに木星の恋人

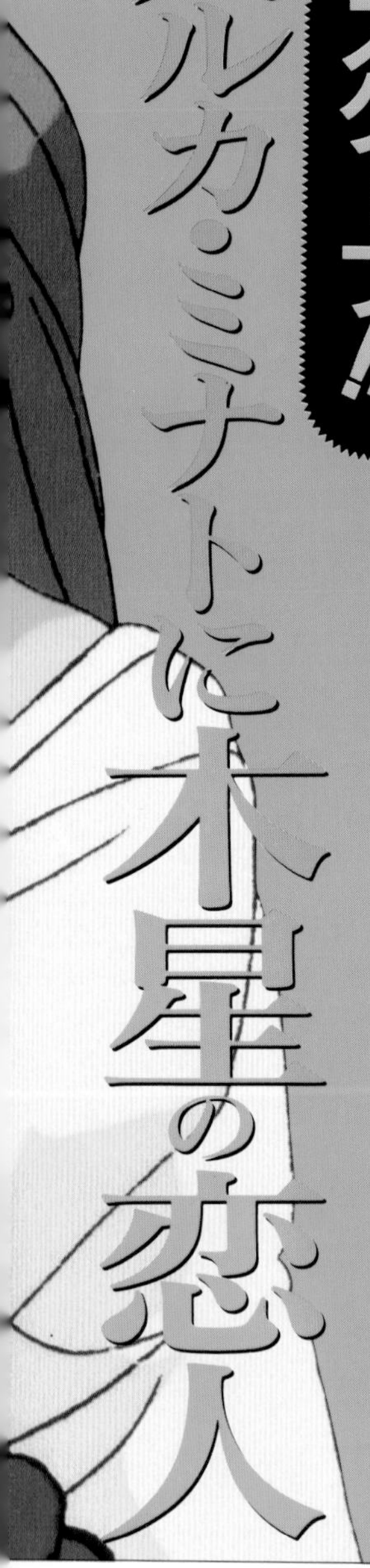

自由奔放が彼女の魅力とはいえ、いまや地球軍の一員であるナデシコクルーとしてのあまりの自覚のなさに、呆れたとの声も

大胆にもナデシコに潜入した白鳥九十九。彼が捕まったことによって、初めて木星蜥蜴の正体が明らかになったのだが……

ナデシコ派遣中の本誌記者から、特大スクープが飛びこんで来た！　ゴート・ホーリーとの熱愛が伝えられたばかりのハルカ・ミナトに、新たな恋人の存在が発覚したというのだ。

お相手は、白鳥九十九(18)。な、なんと木星蜥蜴と呼ばれていたあの木星連合軍の人型有人兵器のパイロットだという。

艦内恋愛が禁止されているナデシコにおいてのオフィスラブで、モラルを問われていたミナトだが、これはそれをはるかに上回るスキャンダルである。度重なる不祥事に、関係者もショックの色を隠しきれないようだ。

愛の逃避行!?

２人は現代版ロミオとジュリエット!?　ナデシコから逃亡する白鳥九十九の横にピッタリとくっついたハルカ・ミナトの姿も目撃されている（他にあと１名いたとの情報も）

出会い……♡

M子さん（仮名）の部屋にあったウサギの着ぐるみを着て潜伏していた白鳥九十九。集合がかかっているのに、ブリッジに行こうとしないM子さんを不審に思ったミナトが部屋を訪ね……

敵と知りつつ……ひかれて……

ときめき……♡

思わぬ邂逅。だが、憎き敵であるはずの相手は、思いがけず紳士だった。白鳥が怪我をしていることに気づいたミナトは、彼をかくまうことにする。最初は同情だったのだが……

愛の軌跡

ハルカ・ミナトと白鳥九十九

本誌記者は見た!!

ナデシコの操舵士と木星連合のパイロット。現代版ロミオとジュリエットが、いつ、どのようにして知り合い、愛を深めて行ったのか。本誌特派記者からの第一報を元に、再現してみた。

最初は、どうやら白鳥九十九の方が積極的だったらしい。だが、ミナトの態度もとても敵に対するものとは思えなかったとか。ナデシコに潜入したものの、逃亡手段を断たれ、捕まるしかない相手に同情したのか、逃亡を幇助する動きさえ見せている。

正式発表では、ハルカ・ミナトと他1名は、この後、白鳥九十九によって拉致され、木星連合に連れ去られたとある（数日後、無事ナデシコによって保護されている）。だが、どうやら事実は異なり、特派記者によれば彼女たち自身が希望したふしもあるという。

ハルカ・ミナトといえば、イケイケの外見に似あわず、冷静に状況を判断できる人物として評価が高い。そんな彼女が、なぜ、地球軍を裏切るような行動に出たのか？　それほど白鳥九十九に魅力を感じたのだろうか。世紀の大スキャンダルの続報は、次号を待て！

なんと刃傷沙汰!?

洗濯物のケースに白鳥を隠し、運んでいる最中にゴートと遭遇。つい反抗的な態度を取るミナトに、ゴートの平手が飛ぶ。その瞬間、白鳥はミナトをかばってゴートに銃を向けた！

九十九のピンチに思わず…!!

ついに囚われの身となった白鳥。ところが、彼を護送していたA君（仮名）が、勝手な判断で射殺しようとしてしまう。それを見たミナトは、思わず、フライパンでA君を殴りつけた！　2人はそのままナデシコ外へ逃亡（M子さんも一緒との情報もあり）。白鳥は、その際にクルー1名を撃って、軽傷を負わせている

ゴートとの愛はどうなる!?

最近、2人の仲がしっくりいってなかったのは事実のようだ。ゴートに一方的に下船を勧められ、ミナトが怒っていたとか。建前ばかりで、なかなか本音をぶつけない恋人と、どこまでも純情で一本気な白鳥。ミナトが惹かれるのも仕方ないのかもしれない

ついこの間まで、あんなにアツアツぶりを見せつけた2人だったのに……。はたして本当にこのまま破局を迎えてしまうのか!?

モテる男大研究

仕事も遊びも多様化したこの時代
オトコの種類もイロイロとか!?
でも本当にイイオトコとなると
どこでも見つかるってわけじゃない
そんなご不満を持つ貴方に
〝ナデシコ自身〟が選びぬいた
イイオトコたちをご紹介! 2196年、
あなたの恋のお相手はどのタイプ?

〝自由な恋〟がうたわれて、もうずいぶんになります。身分、出身、年齢、性別に左右されない、完全に自由で対等な恋愛。

でも、どうせ恋をするなら、とびっきりのイイオトコとしたいというのが女性の本音。ここに紹介したのは、1千人の読者アンケートの中から選ばれた、2196年のイイオトコたちです。10代の少年から、四十路を超えたナイス・ミドルまで、いろんなタイプが集まりました。

人の好みは千差万別。でも、いつの時代にも不思議とモテる男は存在しました。どうして、〝彼〟なのか!? 〝彼〟のどこがイイのか!? モテる男は、ただの男と何が違うのか!? それがわかれば、自然とイイオトコを見つけられるはず。モテる男を極めて、友だちがうらやましがるような〝彼〟をGETしちゃおう!

テンカワ・アキト

圧倒的支持率を誇る恋人にしたい男No.1!!

時にはクールに時には甘えて♡

アカツキ有利の前評判をくつがえし、堂々の人気No.1に！　普段は優しいのに、敵との戦いでは厳しい。そんなギャップが女性たちの心をとらえたらしい。ちょっと頼りなさそうなところも、母性本能をくすぐるみたい。ただし、このテのタイプは優柔不断に陥りやすいのがタマにキズ。恋のリードは貴方から。

AKITO TENKAWA
火星出身の18歳。コック志望だけど、最近は、エステバリスのパイロットとして忙しい毎日を送っているとか。趣味はビデオ鑑賞。

女の子の声♡

「いつも一生懸命で守ってあげたいってカンジ」(28歳主婦)「優しそうなとこがイイ」(21歳学生)「何もかもが大好き」(20歳艦長)「普段はボーッとしてるけど、いざとなると頼りがいがあります」(17歳通信士)「なんだか放っておけないんだよな」(18歳。パイロット)

アカツキ・ナガレ

危険な香りをただよわせ抱かれたい男No.1!!

惜しくもアキトには破れたけれど、10代20代の支持はダントツ！　エリートの香りを漂わせ、キザなセリフもバシッと決めてしまうカッコ良さが人気の理由。遊びで恋ができるタイプだけに、彼のハートを射止めるのはかなり大変だけど、本気にさせたらきっとお姫さまのように大切にしてくれるはず。

NAGARE AKATSUKI
地球出身で20歳。休日は、クラッシックを聞いて過ごす。ナデシコのパイロットとなる前の経歴は不明。その謎めいたところがまたステキ

女の子の声♡

「切れ長のあの目がたまらない」(42歳主婦)「なんかお金持ってそうな雰囲気」(15歳学生)「付き合ってて恥ずかしくない」(22歳ＯＬ)「とりあえず顔もスタイルもいいし、話のネタには困らないよね」(18歳パイロット)「なんたってカッコイイもん♡」(17歳調理士)

2196年の

熱い魂にクラクラ

ヤマダ・ジロウ

彼のファンには、ダイゴウジ・ガイの名前の方が通りやすいかな。アニメ『ゲキ・ガンガー』をこよなく愛する熱血野郎。イマドキ珍しいタイプだけど、それがかえって新鮮だったりする。一度好きになったらとことんつくしてくれそうだし、絶対浮気なんかしないよね。

JIROU YAMADA

地球出身の18歳。趣味はゲキ・ガンガー鑑賞……ではなく、バイクとカラオケ。活躍が期待されていたパイロットだったが、惜しくも死亡

シブイ背中に男の色気

ゴート・ホーリー

背中に歴史を感じさせる男はめったにいないけど、彼は間違いなくそういうタイプ。自分の気持ちをなかなか言葉にしてくれないからイライラするかもしれないけど、貴方がどんなに奔放に生きたとしても、きっと待っててくれるはず。寡黙な男は背中で気持ちを語るのだ。

GOAT HORY

32歳。地球出身。プロスペクターの部下であり、ナデシコには彼の護衛なども兼ねて乗艦。大人の女性が好みだとか？

ウリバタケ・セイヤ

仕事をする厳しい横顔が♡

メカのことになると目の色が変わってしまう、ちょっとマッドな彼。付き合ったら、機械に嫉妬することになりそう。でも、自分の仕事に夢中になれないヤツなんて、オトコの魅力は半減！ 仕事に打ちこむその姿がイイという女性はたくさんいるのだ。それに、浮気の心配だけはなさそうだしね……？

SEIYA URIBATAKE

地球出身の29歳。機械類の改造・開発に命をかけており、メカニックとしての腕は最高。残念なことに妻あり

女の子の声♡

「機械をいじっている時の表情が好き」（18歳学生）「付き合っていると楽しそう」（20歳ＯＬ）「いろいろと発明してくれそうであきない」（23歳主婦）「趣味が同じなのよね♡」（32歳ＯＬ）「なんか話が合いそうだし」（18歳。パイロット）「元気なところがいいかも」（17歳コック見習い）

親バカも極めれば美しい

ミスマル・コウイチロウ

娘のこととなると、常識も外聞もかなぐり捨てる親バカぶり。でも、それがミョーに可愛く思えてしまったら、あなたはもうコウイチロウパパのトリコ。外でどんなに偉くても、家庭で暴君だったりしたらちょっと興ざめだもんね。彼なら、思う存分、甘えさせてくれるぞ。

KOUICHIROU MISUMARU

地球出身だが、地球軍司令官という職務上、火星や月などの生活も長い。早くに妻を亡くし、男でひとつで娘のユリカを育てあげた

意外性にドッキリ

プロスペクター

仕事には厳しく、真面目だけれど、ただ会社の言いなりになるだけじゃなく、いざとなれば自分の考えで行動できる男。上司にへつらうイエスマンが多い中で、こういう存在は本当に貴重よね。ただ真面目なだけじゃなく、酸いも甘いもかみ分けた懐の大きさが最大の魅力。

PROS PECTER

43歳。地球出身。ネルガルのお目付役としてナデシコに乗艦。実は、地球に妻がいるという噂だが、本人はノーコメント

アオイ・ジュン

情けなさも極めれば……やっぱり情けないのよね

地球連合大学を優秀な成績で卒業、エリート街道まっしぐら……なのに、支持率は異様に低かった。将来性、甘いマスク、優しい性格と3拍子そろっているのに、イイオトコと呼ばれるには何かが足りない。何もかもが平均的で、かえって印象に残らないというタイプかも。最近はギャグメーカーに徹しているのが情けない。

JUN AOI

20歳。地球出身。地球連合大学では将来を嘱望された生徒のひとりだったが、ナデシコに乗艦してから運命が狂った?

BAD BOY

女の子の声♡

「顔はいいんだけど情けないしねえ」(22歳OL)「なんか印象薄くありません?」(19歳学生)「根が暗そうなところがイヤ」(17歳学生)「ゲキガンガーのコスプレまでされるとちょっとね……」(21歳フリーター)「なんかいまいちね」(29歳OL)

ブリッジクルーが、おそろいのコスプレでキメ！　20世紀の英国やドイツの海軍といったお堅いイメージの制服

ナデシコクルー

ファッション大研究

美人ぞろいとウワサの高いナデシコクルー
いつもは制服に身を包んでいる彼女たちも
職務から外れれば思い思いの格好に
そんな時、さり気なく個性を主張するのが
ナデシコ流のファッションセンス
TPOにあわせて参考にしてね

ただひとり日本の戦国時代の水軍風コスチュームのルリ。ハチマキなど細かいアイテムへのこだわりがグー

こんな時に▶

気のおけない仲間とコスプレパーティー!!

思いがけない姿にドキ♡

バーチャルルームでは、どんな格好も思うがまま！ 中でもセーラー服は、男性にも女性にも人気の高いコスチュームのひとつ

クリスマスパーティー用コスチューム。仮装パーティーなので、ちょっとウケを狙ってみました♥ カワイイでしょ？

好きな人とのディナーのために、気合入りまくりのドレスアップ。いつもと違うワタシで、あなたを誘惑しちゃう

あで姿(!?)ア・ラ・カ・ル・ト

白衣を脱いで、キャリア風でキメ!! 自分に合った服装を心得ていて、個性の演出もさりげなくこなせる女性です

たまにはこんな格好で思い切りハメを外してみては？ コスチュームはＴＰＯが大切。周囲の雰囲気にあわせて、役になりきろう

10代、20代の若い女性が多いのがナデシコクルーの特徴。ミスマル艦長も、レイナード通信士も、職務を離れればただの女の子に戻ります。艦長のヘアバンドが可愛い♥

こんな時に▶ お部屋でゆっくりくつろぎたい♡

いちおう、ネルガル支給のジャージもあるようだけど、さすがに女性でそんなものを部屋着にする人はいません。やっぱり可愛くなくちゃね

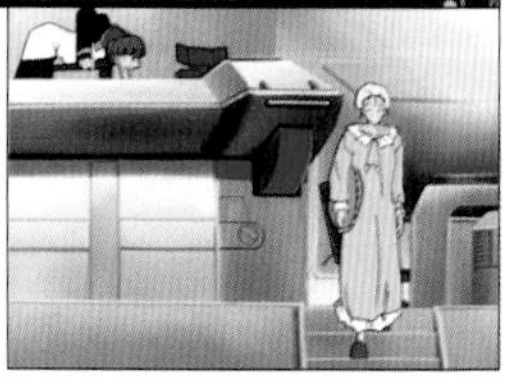

フレサンジュ＆ハルカ操舵士のお休みルック。ハルカ操舵士はともかく、フレサンジュさんは意外に少女趣味？

いつもと違う私を見せてア・ゲ・ル

個性いろいろの私服。デザインやカラー、アイテム使いで自分らしさは出せるもの

お部屋でくつろぐ時は、やっぱりラフな格好が人気です。ちょっとした用事なら、このまま外に出てもグー

やっぱり フルーツ牛乳よね〜♡

セクシー ショット♡

サウナルームでは、ファッションなんか関係ないと思ったら大間違い。ロングヘアーの多いナデシコでは、髪のまとめ方ひとつにも個性の差が出ます

こんな時に▶

ちょっと大胆なファッションでドキッとさせたい♡

ビーチはこれで

水着は、その人の個性とセンスがいちばんよく現われます。スタイルがモロに出るだけに慎重に選びましょう

スタイルに自信があるなら、シンプルなデザインを。胸がちょっと小さめの人なら、胸にアクセントをつけて

真夏のビーナス!!

可愛いデザインの水着が多いのはクルーの年齢が若いせい？ 今年の流行を取り入れたパステルカラーが人気

ビーチでは、日焼け対策も大切！ 急激に焼き過ぎると熱を出したりするのでご用心。時にはパラソルの下へ避難

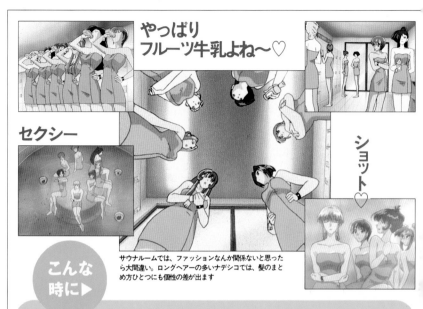

本誌記者がつづる感動秘話

戦場のヒューマンストーリー

SCENE・1

苦悩の決断

敵接近中
チューリップ
戦艦
敵木星戦艦数
大型戦艦　増
小型戦艦　増
ジョロ
バッタ

チューリップからは、次から次へと戦艦が吐き出されてくる。この時、かつてない大船団にナデシコブリッジに戦慄が走る。チューリップが空間移送装置だとわかったのだ

地球連合軍が見捨ててきた、火星や月の植民地の人たちを助ける——。

艦長のミスマル・ユリカを始めとするナデシコクルーは、高い理想を掲げて、宇宙へと旅立った。彼女たちは、その理想の実現のためなら、地球軍との衝突をも恐れなかった。

まだ若い、純粋な魂だけが持つことができる正義感と情熱。それだけを武器に、彼女たちは木星蜥蜴との戦いを潜りぬけ、そして、ついに火星へとたどり着いた。

地球軍が火星の制宙権を木星蜥蜴に奪われて久しい。すでに、そこに人類はいないだろうというのが大方の意見だった。だが、彼女たちの苦労は報われた。ほんのわずかだが、地下に避難民たちが生き残っていたのだ。彼らを収容するために、地表へと降下するナデシコ。皮肉にも、それが悲劇の始まりだった。

重力波砲で応戦しようとしたナデシコだったが、大気圏内では連続発射は不可能であった

ナデシコの地下には、火星の避難民たちが。テンカワパイロットは、彼らを必ず守ると約束したのだが

ナデシコの降下を見計らっていたかのように、上空に出現するチューリップ。そこからは、木星蜥蜴の無人艦隊が大量に吐き出されていく。着陸のため、ディストーションフィールドを解除しているナデシコは、いい標的だ。たちまち艦内に緊張が走る。

ディストーション・フィールドを作動させようとするミスマル艦長。だが、フィールドは全方位に発生する。着陸したまま作動させれば、艦の真下にいる避難民たちの命はない。しかし、移動してから作動させるには時間がない。すでに敵艦隊は真上に来ていた。

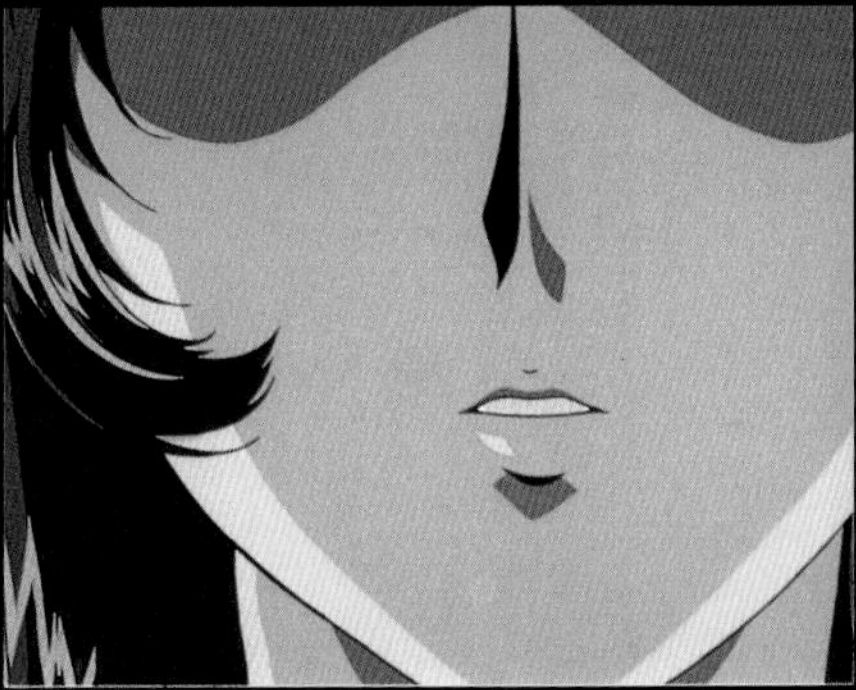

一度着陸すると、移動には時間がかかる。急速浮上したくても、上空には木星蜥蜴の大船団……。エステバリスで出ても勝ち目はない。ユリカは迷う

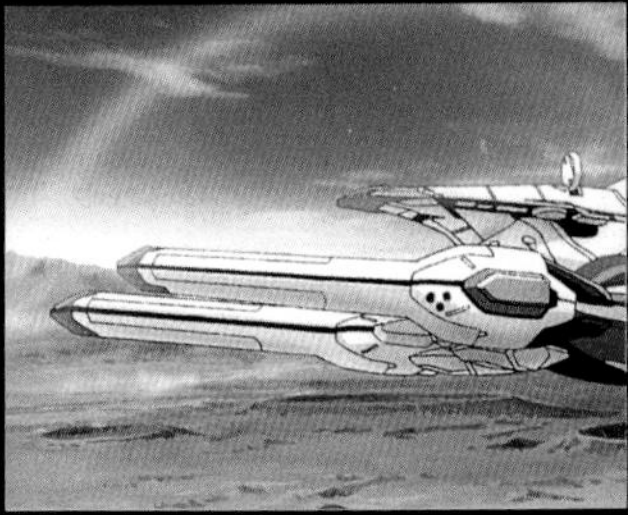

木星蜥蜴の全戦艦の砲塔がナデシコを向いた。もう迷っている時間はない。ミスマル艦長に決断の時が迫っていた

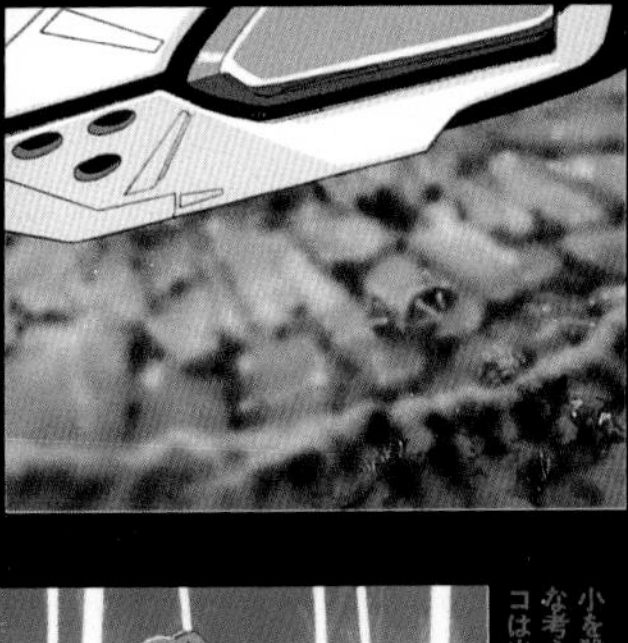

「ユリカ、フィールドだ」火星出身で、誰より避難民を救いたいはずのテンカワパイロットの一言が、艦長の心を決めさせた

地下の人たちの命を犠牲にしてフィールドを張るか、張らずにこのまま殺されるのを待つか……。まだ20歳の艦長には重すぎる決断。自分たちは、火星の人たちを助けるためにここまできたのに——だが、このままでいたら、待っているのは確実な死だ。自分だけならば、もしかすると艦長は敵の攻撃を受ける道を選んだかもしれない。だが、彼女の肩にはナデシコクルーの命がかかっていた。命と命。どちらかを選べというのも酷な選択だ。それでも、決断しなければならない時はある。

「フィールド、オン」——静まり返ったブリッジに彼女の命令が響いた……。

理想と現実のあまりに激しいギャップ。艦長の心にどれほど激しい葛藤があり、どれほど大きな傷が残ったか……。だが、それでも彼女たちはくじけなかった。そして、したたかに理想は再生する——

小を殺して大を生かす。こんな国家主義的な考えへのアンチ・テーゼとして、ナデシコは出発したはずなのに……

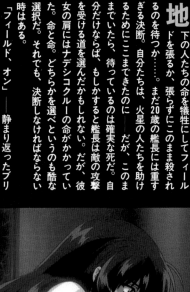

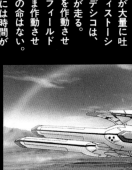

SCENE:2

老提督の最期

先の戦いで、敵のグラビティブラストの集中放火を受けたナデシコは、エンジン出力が半減し、火星の重力圏も抜けられない危険な状態だった。もしや、北極冠にあったネルガル研究所で、相転移エンジンのスペアを見つけることができないかと、わずかな希望にかけて、彼らは北へと飛んでいた。

火星の地表すれすれを飛ぶナデシコは、氷原に地球連合軍の戦艦クロッカスが横たわっているのを発見。クロッカスは、地球においての木星蜥蜴との戦いで、チューリップに呑まれて消息を絶ったはずなのに……。

謎の解明は後に回し、木星蜥蜴に占拠された研究所を取り戻すために、ナデシコはクロッカスをもう一度動かすことにした。大型戦艦の操縦経験のあるフクベ・ジン提督が、クロッカスへと乗りこんでいく。

フクベ提督といえば、第一次火星会戦の指揮を執り、緒戦でチューリップを撃破した英雄である。彼は、退役後、まだ若いクルーたちの精神的支柱として、ナデシコへの乗艦を要請された。だが、ナデシコに乗りこんだ彼の意図は、別のところにあったようだ。

研究所は、木星蜥蜴に占領されていて、とても近寄れない。一方で、ナデシコを追跡する木星蜥蜴の大船団は、刻一刻と近づいて来ている。またもやピンチだ

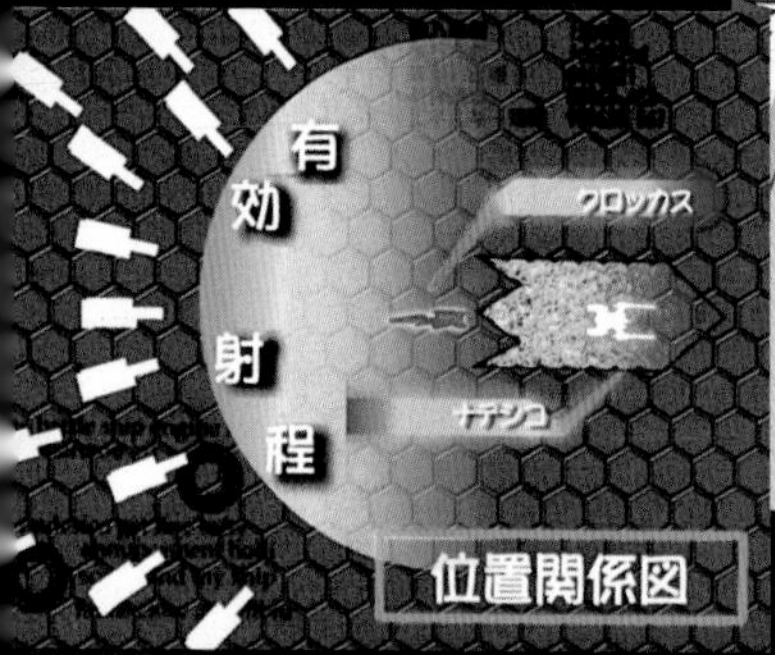

木星蜥蜴との戦いを何とか有利にしようと、クロッカスに目をつけたナデシコ。だが、フクベ提督の思惑はまったく違うところにあった

ミスマル艦長が先の戦いでしたように、英雄となった会戦で、やむをえないこととはいえ、フクベ提督も多数の民間人の犠牲者を出した。戦艦の一部を切り離し、それをぶつけることによって、チューリップを破壊したのだが、同時に火星にあったコロニーがひとつ失われてしまったのだ。

このことは、フクベ提督の心に大きな衝撃を残したようだ。そして、それは、偶然一緒の艦に乗りこんだテンカワパイロットが、当時そのコロニーの住人であったことを知ってから、あるひとつの決意へと固まっていった。

フクベ提督に脅されるようにして、チューリップ内部へ飲みこまれていくナデシコ。その先にははたして!?

「提督、おやめください。ナデシコ……私には提督が必要なのです！」ミスマル艦長の悲痛な訴え。だが、提督の決意は固い

クロッカスに乗りこんだフクベ提督は、その砲身をなんとナデシコへと向けた。

「ナデシコの進路を変えてもらいたい……」

提督は、ナデシコに前方のチューリップに入るように指示。提督は、ナデシコにチューリップによる空間ジャンプをさせようとしているのか？　だが、クロッカスのクルーは、ジャンプの影響で全員死亡していた。ナデシコが無事で地球に帰れる可能性は1％もない。それとも、提督は自分の過去の傷を雪《すす》ぎたいがためにナデシコもろとも、テンカワパイロットを抹殺しようとしているのか？


だが、ミスマル艦長はフクベ提督を信じた。ゆっくりとチューリップ内部に進んでいくナデシコ。その後にクロッカスが続く。その背後には、さらに木星蜥蜴の大船団が迫っている。もう後戻りはできない。

　ナデシコが完全に内部に入りこんだその時、チューリップの入り口でクロッカスが停止した。一隻で敵戦艦を食い止めるつもりか!?

フクベ提督の思いがけない行動に、青ざめるナデシコクルーたち。まさか、提督は自爆するつもりでは……!!

　提督を思いとどまらせようと、ミスマル艦長が、ゴートが、テンカワパイロットが、必死の声を上げる。だが、誰の説得もフクベ提督の固い決意を翻すことはできなかった。

　クロッカスへと迫る木星蜥蜴の戦艦群。戻りたくても、ナデシコは何かに引っ張られるように奥へと進んでいく。そして、蜥蜴たちの一斉砲火を浴び、クロッカスはチューリップを道連れに爆散した……。

　その後、フクベ提督の形見の中から、テンカワ・アキト宛の遺書が発見された。やはり提督は死ぬつもりでナデシコに乗艦したのだ。それは、はたして正しいことだったのか？

答えはわからないが、彼の行動でナデシコが救われたことも、また確かなのであった。

「私はいい提督ではなかった。いい大人ですらなかっただろう……」提督は言う、これは自分の我がままなのだと。彼自身、自分の行動を正しいとは思っていなかったのかもしれない。それでも、彼はそうしたかったのだ。……この8ヵ月後、ナデシコは突如として月宙域へと出現したのであった

SCENE:3

名もなき一兵士の死

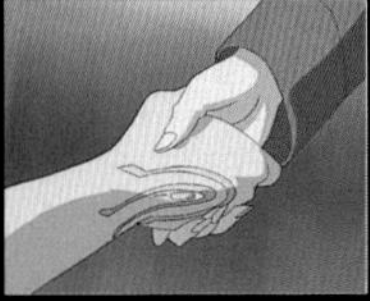

ナデシコから降ろされる形となったテンカワ。少女はその補充だ

テンカワの下船のわだかまりを、少女との握手は吹き飛ばしてくれた

「こんなことになって残念ですけど、私たちが木星蜥蜴を打ち破った時には、笑顔でお会いできると思います」少女の素直な言葉はテンカワの心に響いた

それは、まるで地獄だった。融合した2つのロボット。破壊された機体、えぐられたエステバリスのコクピット……。そこに生命が存在していないことは明らかだった。

そいつは、いつもの敵とは違っていた。これまではチューリップを介してしかできなかったボソンジャンプを単体でこなしたのだ。古典SFの瞬間移動のように、神出鬼没の相手に翻弄されるエステバリス隊。その時、新たに参加した少女パイロットが、ワイヤーを敵ロボットの機体に絡ませた。

「繋がっていれば……いくらジャンプしても、同じことです」

だが、彼女は知らなかった。ボソンジャンプに地球人の体は耐えられないのだと。敵ロボットのジャンプに巻きこまれ、消えていくエステバリス。次に出現した時には、そのコクピットはなくなっていた。

少女は、テンカワパイロットの代わりに配属された軍人だった。名前は、伝わっていない。ただ、一生懸命生き、一生懸命戦った魂の……あまりに無惨な結末であった。

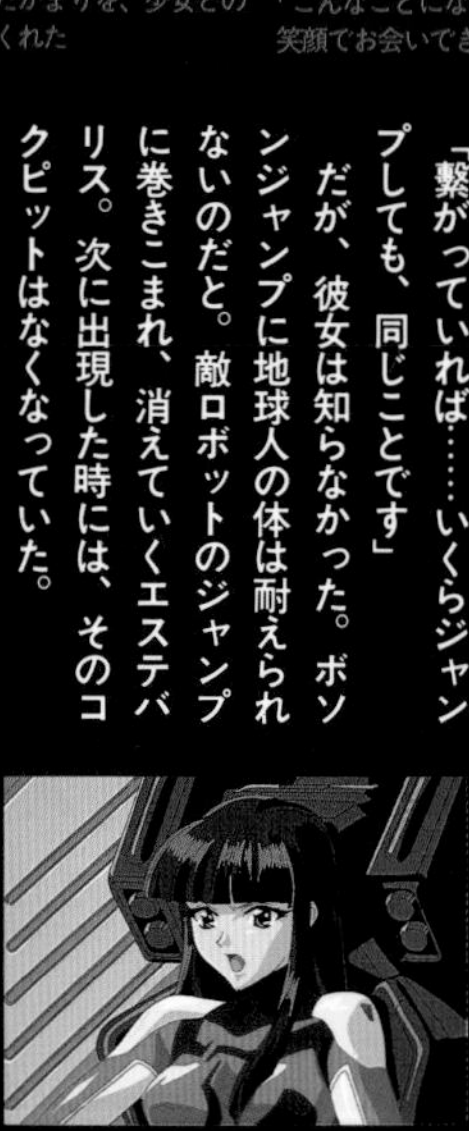

初陣にも臆さず、少女は敵へと向かって行った。その真摯な瞳が胸を打つ

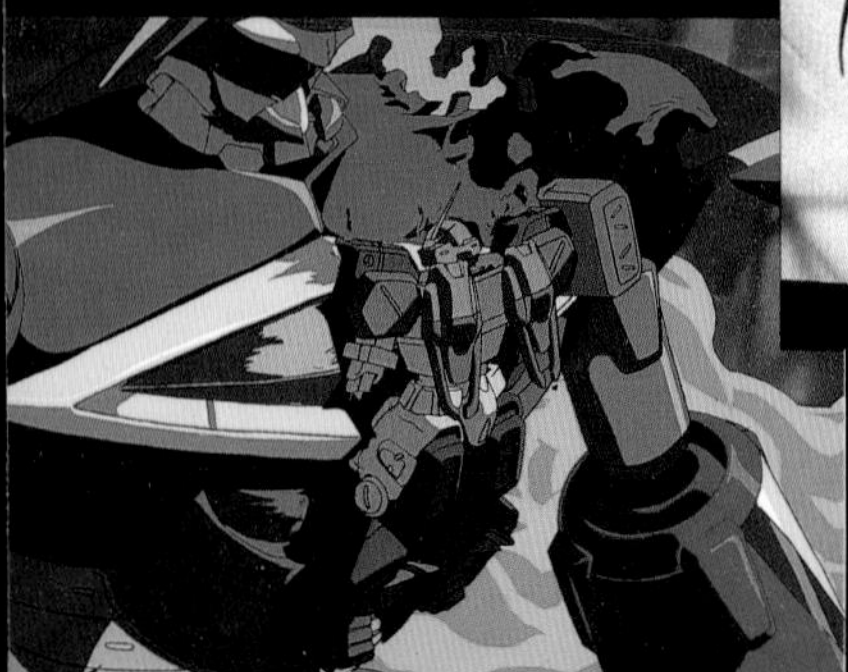

「新入り、新入りー!!」スバルパイロットの叫びが虚空を打つ。冷静な戦況判断、適確な敵能力の分析……なまじ少女がパイロットとして高い資質を備えていたがために、悲劇はおきてしまった

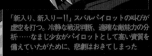

戦場に少年がおこした奇跡

ナデシコが正式に軍に組みこまれるにあたり、テンカワパイロットはその任を解かれた。彼のパイロットの能力がどうこうというより、連合軍が彼の性格的な方向性を嫌ったというのが本当のようだ。

ナデシコを降り、一時は、もう戦いのことなど忘れ、ごく普通の一般市民として生きようと決心するテンカワ。だが、彼には必死で戦っている仲間を見捨てることはできなかった。自分にしかできないことがあると……しかも、それによって窮地に陥っている仲間を救えるとわかっていたから、なおさらだ。

CCを抱え、戦場へと走るテンカワ。成功するかどうかはわからない。だが、やるしかない！

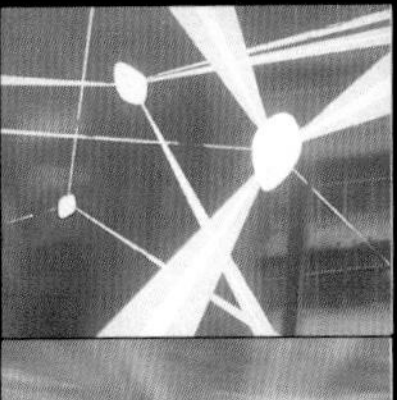

テンカワの投げたCCが、強烈な光を放ち始めた……。光は、他のCCのそれと融合し、巨大化し、ドーム状に広がって、ロボットを包みこんでいく

ボソンジャンプ……。この謎の空間移動のシステムは、地球側でも研究されていた。そして、エリナ・キンジョウ・ウォンによれば、テンカワは生身でボソンジャンプを成功した経験を持つ希有な例だというのだ。

ボソンジャンプの触媒となるCCを抱え、テンカワは戦いの現場へと走った。どうやら敵は相転移エンジンを暴走させ、周囲一帯を消滅させようとしているらしい。戦場へとたどり着いたテンカワは、ロボットを巻きこんでのボソンジャンプを試みる。CCが宙を舞い、テンカワの体が発光する……次の瞬間、彼の体は消えていた。ロボットとともに。

光は、上空にぽっかり開いた不思議な空間へ、テンカワとロボットを連れ去っていった

テンカワを犠牲にしたと沈むナデシコクルー。だが、テンカワは生きていた！　彼は2週間前の月基地に飛ばされていたのだ

今、注目の人に聞く
独占INTERVIEW PART①

アカツキ・ナガレ

アカツキ・ナガレといえば、今やナデシコのプレイボーイの代名詞
女性みんなに優しい言葉をかけ、ソノ気にさせる罪なお方です
でも、それが彼の本当の姿かな？　その素顔に迫ってみましょう

クールな流し目と、キザなセリフがなんともいえずにゾクゾクさせる

シャープな野性味、それが魅力

女性クルーが多いと言われるナデシコだけど、それはあくまでも〝戦艦としては〟のオハナシ。実際には、男性クルーの方がよっぽど多かったりするのだ。

でも、アカツキ・ナガレは、そのたくさんいる男性クルーとは、何かがちょっと違う。例えば、闇の中に輝く光のように、彼の存在感はひときわ際立って、異彩を放っている。言葉は悪いが、本来、こんなところにいるタマじゃない……という感じである。こんな戦場の最前線で、たんなる一兵卒のようにコキ使われている身分じゃないという気が、どうしてもしてしまうのだ。言うのも気恥ずかしいが、いわば〝王子様〟的気品が漂っているというか……。

「それはどうも(笑)。でも、それは誉めすぎですよ。僕は、単なるパイロット。それ以上でもそれ以下でもありません」

と言って、ナガレは長い足を優雅に組んだ。その動作の一つ一つが完璧で、やっぱり私の目には高貴なお方に映る。でも、いつまでもこんなことを言っていては話が進まないので、もったいないが次の話題に移る。

太陽の下で健康的にビーチ・バレー！　ナガレのこんな表情はとっても珍しいかも

ナガレは、ナデシコに来る前の経歴がまったく謎。当然、ワタクシめもその辺を突っこもうとした。だが、答えは……。

「ノーコメント。男はちょっとぐらいミステリアスな方がカッコイイんじゃないですか？」

そう言ったきり、どんなに押してもつついても過去のことは喋らない。ええい、それな

Nagare

熟成した危険な男の香り

らにこの後、遊ばれてもいいからと、自分から別のツッコミを入れてやる。女性にマメというウワサだが、ズバリやっぱり女好き?

「いきなりスゴイこと聞きますね。そりゃ、僕も男ですからね、好きですよ(笑)。でも、プレイボーイみたいに言われるのは心外ですよ。僕としては、ごくごく普通に接しているつもりなんですけど。女性に優しくしろというのが家訓なので(笑)」

だから、本命に誤解されて、なかなか恋人ができないんですかね、と、ナガレ王子さまはさわやかに笑う。うーん、ウソくさい。ま、いい男の条件は、上手にウソをつけることだというから、許してあげよう。ちなみに、エリナ・ウォンとのウワサの真相は?

「えっ、ウソですよ。彼女はただの同僚です」

さてこの言葉、貴方は信じる?

AKATSUKI NAGARE

20歳。ナデシコが火星から月へとジャンプした直後、エステバリスのパイロットとして赴任。パイロットとしての能力はエース級で、白兵戦にも強い。だが、赴任以前の経歴は公開されておらず、謎に包まれている

Akatsuki

今、注目の人に聞く
独占INTERVIEW PART Ⅱ

エリナ・キンジョウ・ウォン

ネルガルの会長秘書からナデシコへ――キャリア転落にも思える配置転換
だが、エリナ・キンジョウ・ウォンの輝きはまったく薄れなかった
実力社会のビジネス業界で頭角を現わす彼女のパワーの秘密は？

ナデシコへの配置転換も、彼女の方から願い出たことだったとか。いったい彼女の鋭い目は、ナデシコにどんな可能性を見出したのだろうか……

できる女はビジネスチャンスを逃さない

ナデシコが8ヵ月の空白を経て火星から帰国した後、あのプロスペクターがまさかと仰天するような配置転換があった。ネルガルの会長秘書を務めていたエリナ・キンジョウ・ウォンが、副操舵士としてナデシコに乗艦するというのだ。キャリアウーマンとして、最高の地位のひとつにいた彼女が、なぜナデシコに乗艦することになったのだろうか。

「一言で言えば、興味をそそるものがあったからです。ちなみに、私はまだ会長秘書の身分も保持しています。いわば、会長の意向をよりナデシコにダイレクトに伝わるようにするパイプ役の意味もありますから。興味をそそるものは何かって？　それは言えませんね。ああ、でも、全体主義の中にあって、個人主義を追求するナデシコの存在意義や、地球連合に組みこまれることになったときの、それまで築きあげてきたクルーのアイデンティティの行方と、各個人の自己完結のつけかたの

アカツキと仲がいいとのウワサも聞かれるが、仕事が面白くて恋愛どころじゃないとか

充実した毎日――
それが私を磨いてくれる

スーツの下には、こんなナイスバディが隠されている。でも、彼女はそれを武器にして戦うことはしない。あくまで中身ひとつで勝負するのだ

セクシーボディ♡

ERINA・KINJOW・WON

20歳。ネルガル会長秘書地球出身だが、ほぼ世界中の言語を操る才女。趣味は読書で最近は火星遺跡の研究に凝っているとか。ちなみにスリーサイズは上から87、57、85

違いなんかも興味深いテーマですけど」

……やはり、常に上を狙うお方はひと味違うようだ。それでも、慣れない戦艦ぐらしで戸惑うこともあったという。

「戦艦の生活形式……というより、ナデシコのクルーは個性的なメンバーが多いので、各キャラクターを把握するのが大変でした。特にテンカワパイロットなんか、いまだに理解できませんっ！」

どうやら、テンカワ・アキトに急接近とのウワサは本当らしい。さしものスーパーウーマンも、人間の心だけは思い通りにならないのか、答える語尾が震えていた。これは、今後の成り行きがなかなか楽しみだ。

Erina・Kin

シェフのご自慢!!

とっても簡単

今夜のおかず

がんばろうセット

GANBAROW SET

ホウメイシェフが、本誌読者にだけ教えるプロのテクニック
今回登場するのは、ナデシコ食堂いちばんの人気メニュー
スタミナタップリがんばろうセットです。プロの味を家庭で再現!

300種類にも及ぶ調味料がご自慢のホウメイシェフ。ナデシコ食堂のメニューには、そんな彼女のオリジナリティあふれる料理がたくさん並んでいます。

今回は、その中でも人気No.1という〝がんばろうセット〟をご紹介します。ハヤシ風の火星丼、オフクロの味・なべやきうどん、ネギがクレーターを表しているというユニークなアイデア料理・月面焼きと、人気メニュー3つをひとつにした豪華なセットは、ボリュームもタップリで、肉体労働派の旦那さまの晩ご飯にピッタリ!

もちろん味はナデシコクルーの保証付き! 単品なら、ダイエット中のOLや受験生の夜食にもGOODですよ。

火星丼

材料（4人分）：牛肉200g　タマネギ中1個　ニンジン1/2本　ウインナー12本　ネルガル食品ブラウンソース1袋

まず牛肉、それからタマネギをキツネ色になるまで炒めます。その後、ニンジンを加え、適量のお水でよく煮こみます。ネルガル食品ブラウンソース1袋を加え、ご飯の上に盛ったら、最後に別に炒めておいたウインナーを飾りましょう。

なべやきうどん

材料（4人分）：生うどん2玉　卵2個　天かす　しいたけ他季節の野菜　ネルガル食品おつゆの素小さじ1

うどんは一度水にさらしておきます。ネルガル食品おつゆの素小さじ1を適量の水に溶

これなら私にもできちゃう

かしたら、うどんと野菜を入れてよく煮こみましょう。最後に卵を落とせばできあがり。お好みによってカマボコなどを加えてもいいでしょう。

月面焼き

材料（4人分）：卵8個　ネギ1／5本　青汁1／2カップ　だし汁大さじ4　ネルガル食品ソースの素1袋

卵8個をボールに割り入れ、だし汁を加えてかき混ぜます。輪切りにしたネギを加えたら、フライパンに流しこみ、塩、胡椒で味を調え、ふんわりと焼き上げましょう。最後に青汁とネルガル食品ソースの素1袋を混ぜたソースを。

なんか……できあがりがちょっと違うみたいだけどね

全宇宙で大ブーム!!
驚異のダイエット法

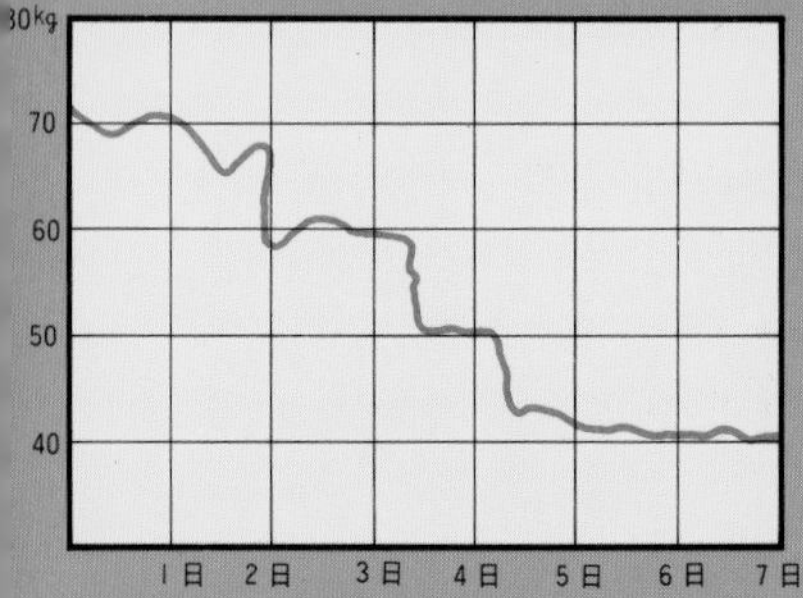

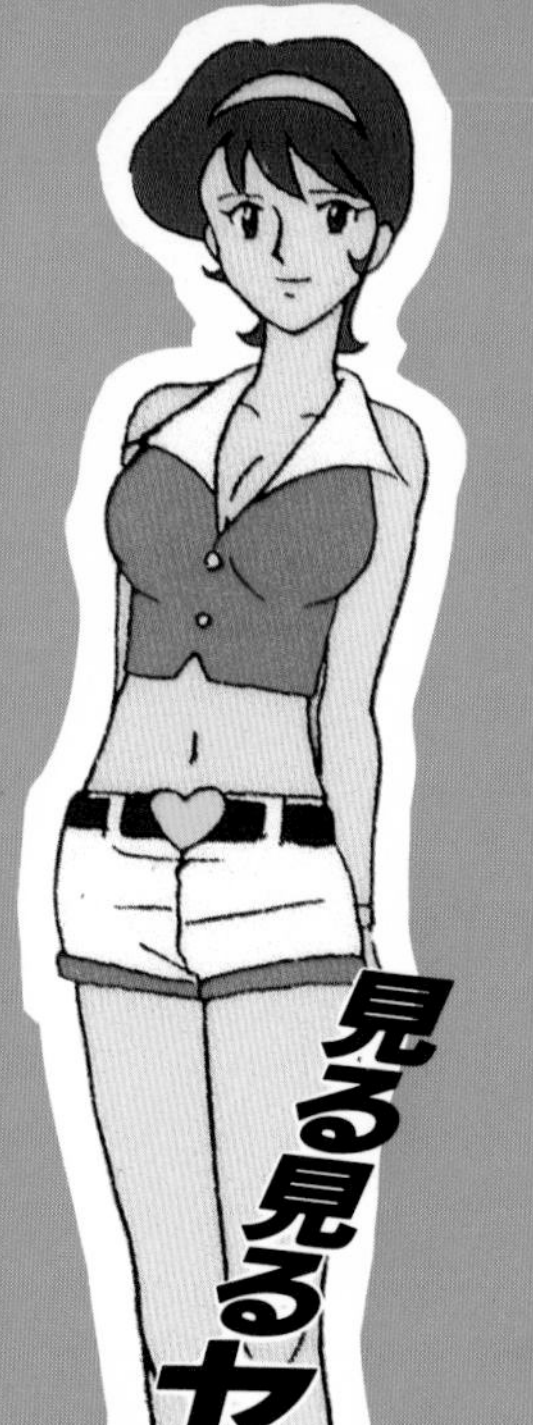

いま、全宇宙でウワサの『エリナ・ダイエット』、みなさんはもうお試しになりましたか? 方法は、ごくごく簡単。いつも食事をしながら、一日1回、特製ジュースを飲むだけ! どんなに頑固なお肉も見る見るうちになくなり、短期間で見違えるようにスタイルが変わります。

エリナ・ビューティ研究所が独自に開発したダイエット法をぜひお試しください。

今、すぐお電話ください
エリナ・ビューティ研究所

すべての女性の美と健康を追求するエリナ・ビューティ研究所では、『エリナ・ダイエット』の販売の他、化粧品販売、お客さま個人にあわせた美容指導なども行なっております。ご用命、ご相談はフリーダイヤル0889-αβ-ε 23334までどうぞ!

（広告のページ）

今回も新情報がギッシリ!!

ネルガル重工㊙ファイル2

メカ&キャラクター設定集

今回はメーンキャラクターの設定を一気に紹介! 加えて、気になるナデシコ艦内のアレコレも大公開しちゃうぞ。そしてさらに、ついに正体が明らかになった敵・木星連合のメカ&キャラクター情報もいちはやくキャッチ! もちろん好評のCVインタビューも収録。けっして読んでソンはさせないページだぞ!

オレたちの私室も公開されてるらしいぜ
勝手に見せんなよな～

CVブリッジクルー3人娘
座談会言いたい放題

今回は、最終回収録に臨むブリッジクルー3人に直撃。オンナ3人寄れば何とやら。『ナデシコ』のあんなハナシ、こんなハナシ、タップリ聞かせて！

なんとキャラクターとスリーサイズが同じ!?

——まず、みなさんにそれぞれのキャラの印象などをお聞きしたいのですが。

高野「私、メグミちゃんと性格も似ているところはちょっとあるんですが、サイズがだいたい同じだったんですよ」

岡本「へえええ！」

南「すごい、ホント?」

高野「身長が155センチに、バストが78で、下がけっこう大きいんですよね。85ぐらいだったかな?（と、フィルムブック1巻を見る）本当にこんな感じなんですよ。ちょっと背が高いぐらいで」

岡本「あたし、絶対違うな（笑）」

高野・南「（笑）」

岡本「（やはりフィルムブックを見て）おっぱい、こんなにないよぉ～（笑）。普通でも、こんな人絶対いないよね」

南「でも、モデルさんとかでこういうサイズの人とかいませんか?」

岡本「でも、大人の女の人だったら、絶対にウエストはこんな細くないんだって。スーパーモデルでも」

高野「まあ、ともかく（笑）、同じだなあと思って、親近感が湧いてたんですけども。でも、やっぱり女の子には反感を買ってしまうような部分があったのでねー。その辺がすごいなというか、あのままメグちゃんが大人になったら大変だろうなと（笑）。まだ17歳だから許せる部分が……え、ダメ?」

南「（首を振る）」

高野「ルリが許せないと言ってますが（笑）」

岡本「こういう所はっきりしてるから（笑）」

高野「でも、本当は……ネはいい子だよねぇ（笑）。本当は優しいんだけど、それが恋というか男の子に対してだけヘンな形になっちゃうみたいな。そういう部分は私と違うんですが、演じていて楽しかったです」

南「ルリはですねえ、バディの方はわからないんですが（笑）、もしかしたら同じなんじゃないかと（爆笑）。ひとり、年は小さいんですけど、恋愛をしてくださるお姉様方を後ろで見て『バカばっか』と言っているという。まだ恋する気持ちとか、そういうことがわかっていないから、そのぶん、冷静でいられるという感じですかね。でも本当に、ルリルリのおかげで、たくさんの大きなお友達の方々と出会うことができました（笑）」

岡本麻弥

ミナト役。2月3日生まれ。オフィス薫所属
舞台にラジオにTVドラマにと大活躍中！
主な出演作は『プリティ・サミー』裸魅亜、『サイレントメビウス』斎弧由貴など

イタズラ大作戦
ターゲットは誰だ?

岡本「えーと、ハルカは、スリーサイズがだいたい同じなので(一同爆笑)、やりやすかったです。ハルカはあまり喋らないので……後半、やっと喋ったぞと思ったら、喋り過ぎて、次の週お休みという(笑)。絵はあったらしいのですが、声はいらないということで。ただでさえ大所帯なので、少しでも出さないようにしようという動きがあるみたいです(笑)。で、この間お休みだったんですが、すごく休んだような気がします」

南「さみしかったあ〜」

高野「そう、すごく静か……」

岡本「静か。私がうるさいと(笑)」

高野「いえ、そういうことじゃなくて(笑)、なんか寂しい雰囲気だった」

岡本「ホント? 気付かなかったらやだなと思ったんだけど」

南「そんなことないです」

高野「ホント、なんだか物足りなくて」

――静かな存在感があるんですね。

岡本「いえ、静かじゃなくてうるさいんだと思います。毎週、イタズラさせていただいていますから(笑)」

高野「そう、そのイタズラが楽しいの」

岡本「ハルカはね、操舵士なんですけど、私はイタズラ係なんです(笑)。係だから、仕方なくやっているんです。セリフ喋らないぶん、イタズラしなきゃって(笑)」

――イタズラは、高野さんや南さんにするんですか。

岡本「いえ、もっぱら小杉十郎太さん(笑)。でも、私だけじゃないんですよ。某松井菜桜子さんと一緒に」

南「そのうち、どっかで私のせいになっていたような気が(笑)」

岡本「そうなんです。実は、大ボスなんです(笑)。収録の時は、私たちの間に小杉十郎太さんがはさまれている格好なんですけど、イタズラを思いついても、それを央美ちゃんが『よし』っていわないと、実行することができない(笑)」

南「そんなことはありませんからね、十郎太さん(笑)」

岡本「でも、毎回すごくヒットなんですよ」

南「そのまま読んじゃうんですよね(笑)」

岡本「そうそう。面白かったのが〝スタンバイ〟。十郎太さんの台本に〝ミー〟って付け加えただけなんですけど、某小杉十郎太さんはそのままいい声で〝スタンド・バイ・ミー〟って読んでしまって(笑)」

南「その後に続く私は、どうすればいいのって(笑)」

南央美

ルリ役。7月13日生まれ。ぷろだくしょんバオバブ所属。TVアニメ『黄金勇者ゴルドラン』原島タクヤなどに出演。この春の新番組アニメ『CLAMP学園探偵団』伊集院怜役にも決定

高野直子

メグミ役。6月16日生まれ。シグマ・セブン所属。主な出演作はCX『スタミナ天国』レポーター、TVアニメ『ラムネ&40』チェロなど主にナレーションなどで活躍中!

ルリの恋のお相手は……ゴートが有力!?

岡本「ハルカって、恋をするキャラクターでしたよね。しかも、ストーリーと関係ないところで(笑)、くっついたり離れたり」
南「ルリも恋をしたかったな」
岡本「大人になったらね(笑)。ということで(笑)、ハルカを演じて、とっても楽しかったです。でも、もし、この次があるなら、今度はストーリーに絡みたいです(笑)」
南「ルリも恋愛したいです(笑)」

最初のころは、とにかく感情をなくして喋ることに気をつけたという南さん。10話を超えるあたりで、少しずつ感情を出していったのだ

高野「メグミも今度は結ばれたいです(笑)」
岡本「ジュンちゃんと結ばれればいいじゃない。健ちゃん(伊藤健太郎)と仲良しだし」
高野「でも……メグミちゃんは好きじゃないかもしれない。あ、でも頼られたら」
南「そうだね、頼られるの好きなんだもんね」
高野「じゃあ、とりあえず、ジュンちゃんと。なんか納得いかないですけど(笑)。まあ、でも、メグちゃんはすぐ好きな人を見つけそうですけどね」
南「ルリはそういう話題がないんです……。あ、じゃあ、ゴートってことで」
岡本・高野「危な〜い」
岡本「でも、有り得るかも(笑)。傷ついたゴートを慰めて、ただ、だまって隣にいてあげるんでしょ? 案外あるかもしれないね」
——でも、ゴートはまたハルカと……。
岡本「そうですね。十郎太さんにはいつも待っていただくキャラをしていただいているので、今回も待っていただこうかなと(笑)。十郎太さんも『麻弥と一緒になると、だいたい幸せじゃない』ってグチってましたからね(笑)。十郎太さんには、デビュー作から待っていただいて……。最初は私のために死んでいただきまして(笑)。その後も、私のためにアフリカ横断していただきまして。この間やったゲームは、私が犯人で、彼は私が刑務所から出てくるまで待つというキャラで。そういう設定が本当に多いんですよね(笑)」

〝ルリルリ〟は実はとっても言いにくい

——今日は、ナデシコの最終回のアフレコですが、想像通りのラストでしたか?

岡本「まだ、台本を渡されたばかりで、全部読んでいないんです(笑)。『ナデシコ』は、ストーリー展開が早かったり、時間軸がずれてたりで、結構内容が難しかったですね。その

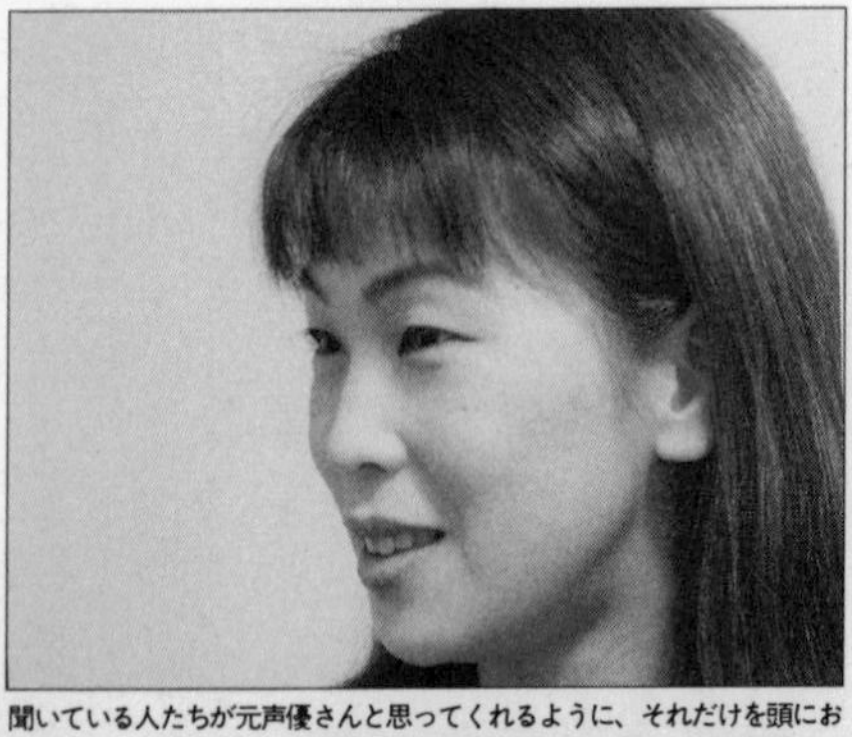

聞いている人たちが元声優さんと思ってくれるように、それだけを頭において演じていましたという高野さん。劇中のアフレコシーンが印象深い

ハルカは、岡本さんの持ち声のなかでも、バカっぽい喋りをするタイプのキャラ。でも、本当は頭がいいんだということは常に意識していた

座談会言いたい放題

CVブリッジクルー3人娘

週の最後まで行くと、なんとなくわかった気になるんだけど、次の週に行くとまたぜんぜん違う展開だったりして(笑)。あれ、私、一週休んだかなって不安になるくらい。でも、央美ちゃんはストーリーを把握してたよね

南「う……。うん。ルリは、いろんなことを傍観しながら日記をつけていたので……たぶん(笑)。あれ、私、大丈夫だと……。でも、途中から説明はイネスさんに替わり、ほとんど説明してません」

高野「ほんと?」

岡本「一番大変だってイメージがあったけど」

南「アバン(オープニング前のナレーション部分)はね(笑)。アバンは大変でした」

高野「じゃ、本当は知ってなかったのね(笑)」

岡本「知ったようなロで喋ってるから(笑)」

南「あれは知ったようなロで喋ってるものだから(笑)」

岡本「大ウソツキだ(笑)」

岡本「最初、お話しいただいた時にも、ハルカは3人娘の一番上という説明をされたんですね。だから、この3人って姉妹みたいな感じだと思っていたんですよ。でも、本編ではあんまり絡んだりしませんでしたね。今日、台本をいただいて見たら、先週、ハルカがちょっとおかしくなっていたんですよ。でも、

最後に戻って、ああ、和気あいあいとしたシーンがあったので、ああ、よかったなと思いました」

南「3姉妹か……。ハルカさんに〝ルリルリ〟って呼ばれたのも突然でしたよね」

岡本「ルリルリって、すごく言い辛いんですよ(笑)。なのに、小杉十郎太さんが言いたくてしょうがなくて、セリフ入ってないのにルリルリ言ってる(笑)」

南「お隣でずっと、『ルリルリ』『ルリルリ』って呟いてる(笑)」

岡本「しかも、言えてないの(一同爆笑)」

南「私も、敵ゲキガンタイプとかグラビティブラストとか、大変なセリフが多くて(笑)。でも、そういうセリフを喋っているときには、ああ、SFなんだなあと思いました(笑)」

高野「私の出ている部分は、学園ドラマ的なノリの所で、あんまりSFという感じもなかったです(笑)。今日の収録分で、TVシリーズは終わっちゃいますが、みなさん、『ナデシコ』を忘れないでくださいね」

人数が異様に多い(笑)作品だったけど、男性も女性も、全員がとても仲良し。アフレコ現場はいつも和気あいあいとしていたとか

NERGAL ND-001 NADESICO

ファイル①

ナデシコ・キャラクター

ナデシコクルーは制服の着こなしも個性豊か。細部にも〝自分らしさ〟を追求しているのだ

ハルカ・ミナト

元秘書という経歴をもつナデシコ操舵士。色っぽい外見と舌足らずな口調のせいで、誤解されがちだが、実は頭が切れる。大胆に入ったスカートのスリットが悩ましい

元声優で、現ナデシコの通信士。自分では意識していないが、かなり結婚願望が強く、一度、好きになると手段を選ばずアタックする傾向がある。スカーフで可愛らしさを演出

メグミ・レイナード

ホシノ・ルリ

ナデシコのオペレーターを務める電脳天才少女。親の顔を知らずに、ネルガルの研究所で育ったせいか、最初は感情の起伏があまりなかった。きっちりしめたネクタイがグー

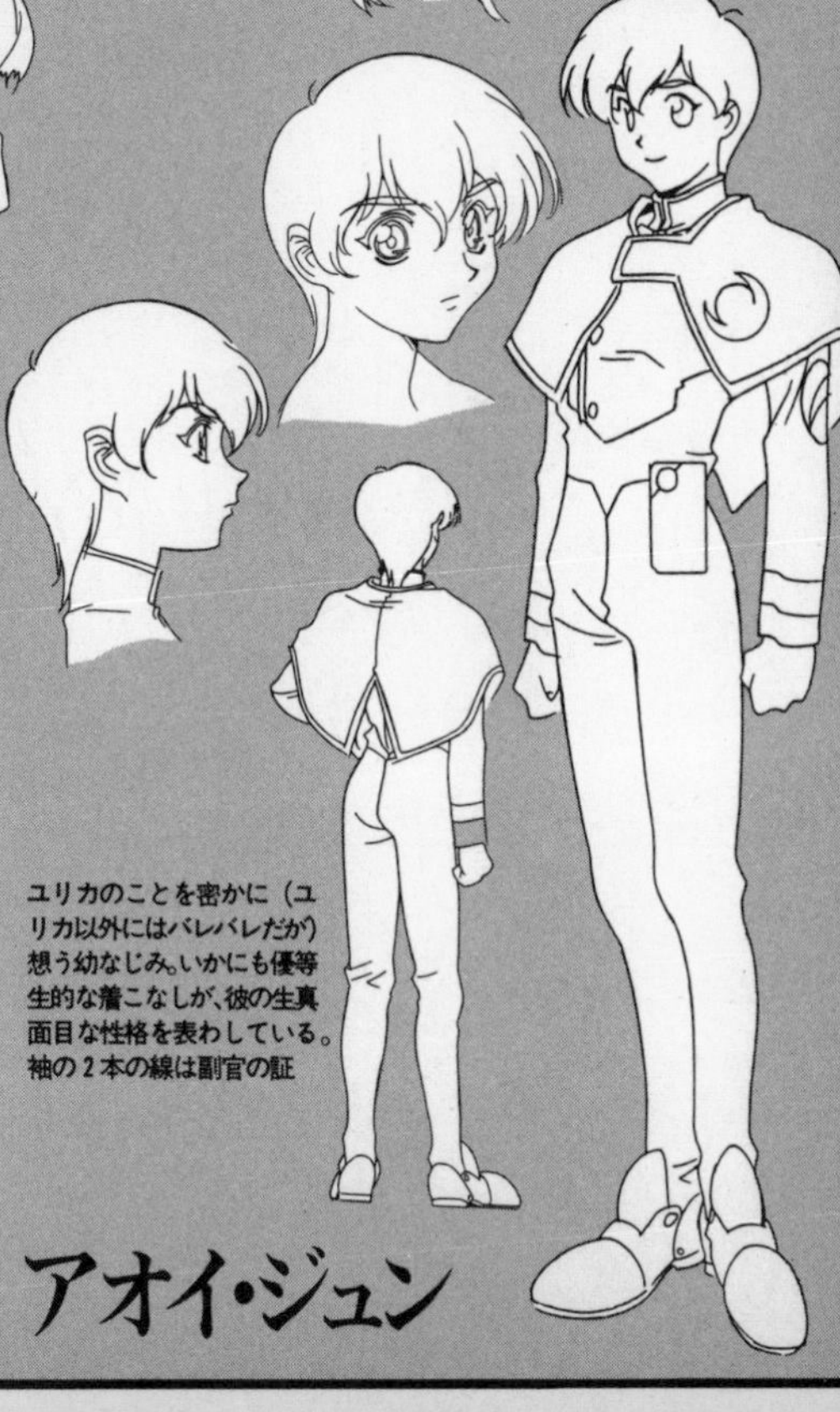

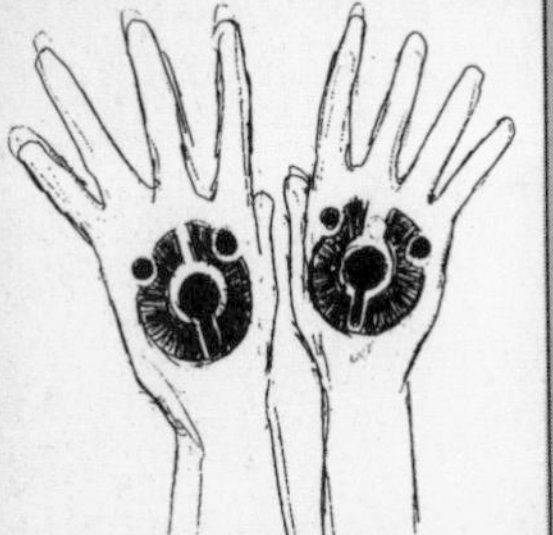

ユリカのことを密かに（ユリカ以外にはバレバレだが）想う幼なじみ。いかにも優等生的な着こなしが、彼の生真面目な性格を表わしている。袖の2本の線は副官の証

ルリのナノマシン

通常は視認できず、コンソールの上に手を置いたときだけ現われる

アオイ・ジュン

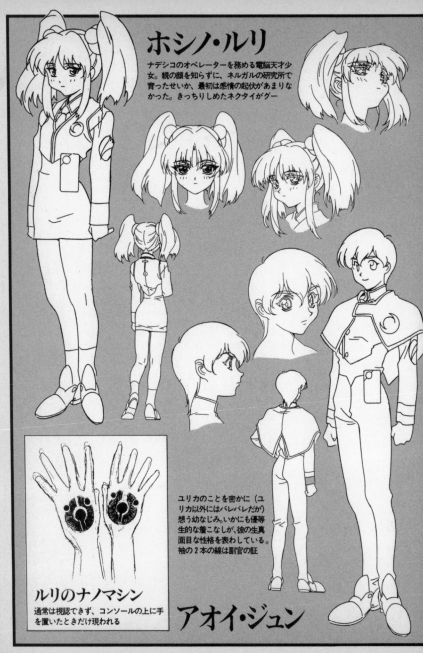

ウリバタケ・セイヤ

市井のメカオタクから、ナデシコの整備士へ。工具ベルトやドリルホルダーの他、腰の後ろにはポシェットもついている

イネス・フレサンジュ

火星のネルガル研究所の生き残り。ナデシコでは科学分析の他、医療、精神カウンセラーなども受けもつ。なんといっても白衣がポイント！

ホウメイ

ナデシコの料理長。300種類のスパイスを集めるなど、料理にかける情熱は素晴らしい。メグミと違い、彼女のスカーフはシェフの証

コミュニケーター

クルー全員が装着している通信機。声だけでなく、2次元映像も送信可能

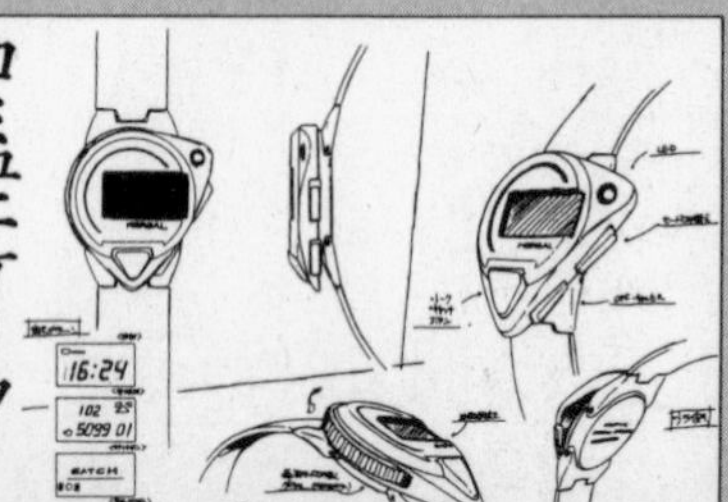

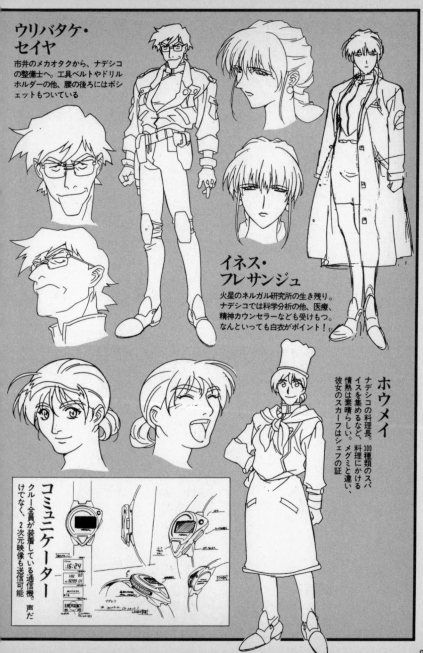

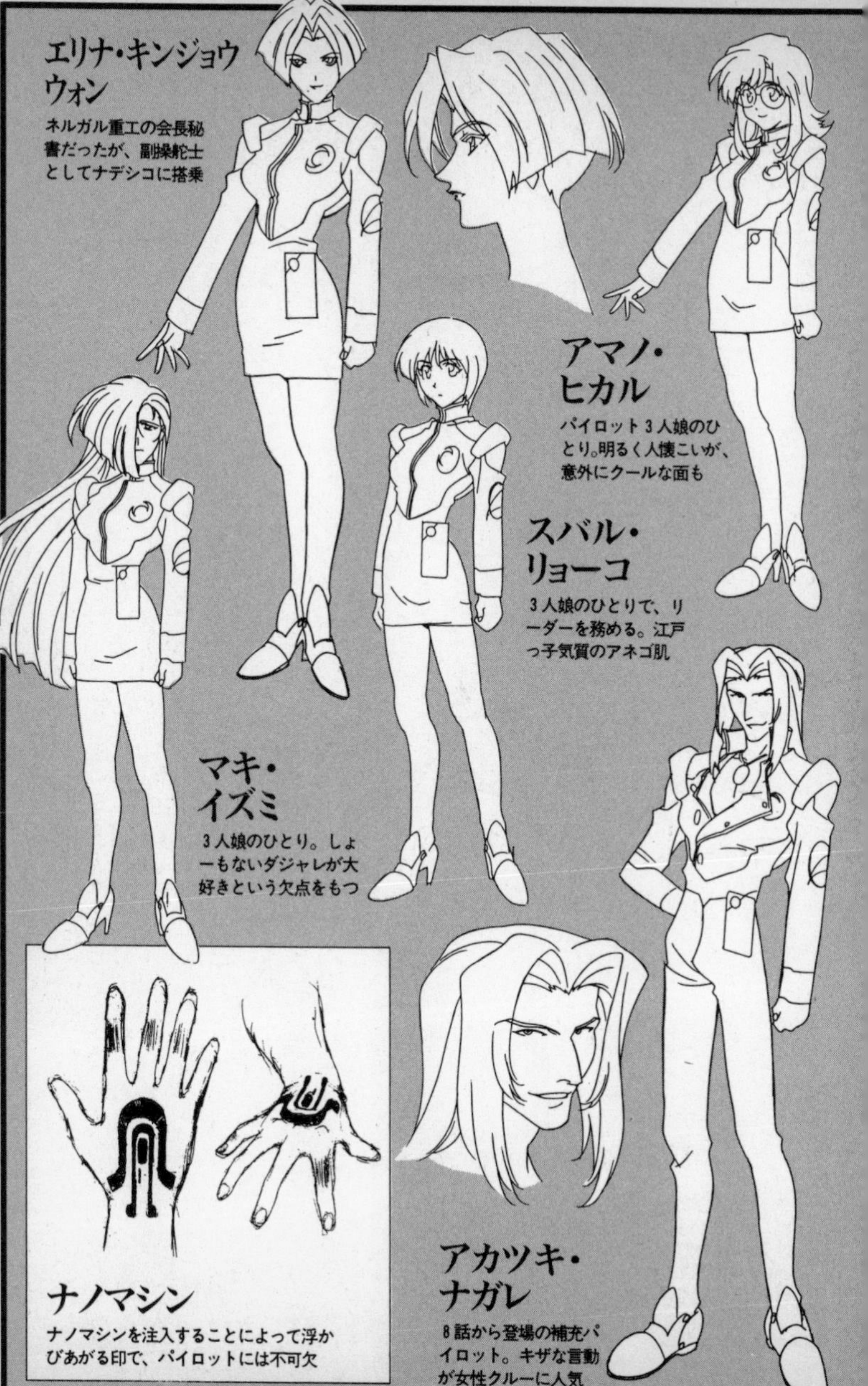

エリナ・キンジョウ・ウォン

ネルガル重工の会長秘書だったが、副操舵士としてナデシコに搭乗

アマノ・ヒカル

パイロット３人娘のひとり。明るく人懐こいが、意外にクールな面も

スバル・リョーコ

３人娘のひとりで、リーダーを務める。江戸っ子気質のアネゴ肌

マキ・イズミ

３人娘のひとり。しょーもないダジャレが大好きという欠点をもつ

ナノマシン

ナノマシンを注入することによって浮かびあがる印で、パイロットには不可欠

アカツキ・ナガレ

8話から登場の補充パイロット。キザな言動が女性クルーに人気

ゴート・ホーリー

プロスペクターの部下。軍務経験もあり、ボディーガード的役割も果たしていると思われる。お堅い軍人気質かと思えば、こっそりミナトと付き合うという、意外に柔らかい面も

プロスペクター

純然たるネルガル社員で、お目付役としてナデシコに搭乗。だが、最近は本社の考え方から離反しつつあるようだ。ちなみにナデシコクルーを、さまざまな業界からスカウトしてきたのも彼である

フクベ・ジン

かつての地球連合軍提督だが、現在は退役。実戦経験の少ないナデシコクルーの助言役として迎えられた。彼が身につけているのは連合軍時代の制服。ちなみに最終階級は中将

宇宙ソロバン

プロスペクターの愛用品。これで常に損害や収支を計算している

ムネタケ・サダアキ

フクベの副官的立場で乗艦したものの、ナデシコが連合軍と対立するや、艦を降りてしまった。しかし、フクベ亡き後、提督として再びナデシコに戻ってきた

コウイチロウ軍服姿

ユリカの前では単なる親バカのコウイチロウも、制服を着れば立派な軍人（？）。ちなみに階級はフクベと同じく中将。制服のデザインもまったく一緒である

少女パイロット

13話に登場。アキトの代わりとして、連合軍から補充されたパイロットである。なかなかの腕をもっていたが、敵のボソンジャンプに巻きこまれ、悲劇的な最期を遂げた

月の食堂一家

14話で、アキトが世話になっていた一家。ほとんどを木星に支配された月面で、貧しいながらも、たくましく生きる庶民代表。ネルガルの月面基地の社員食堂で働く

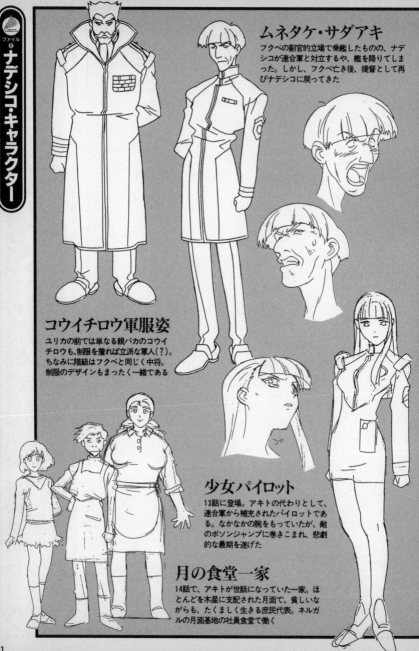

ファイル ②

ライフスペース

ナデシコ艦内を、いろんな角度から徹底紹介。これがクルーの過ごす生活空間だ！

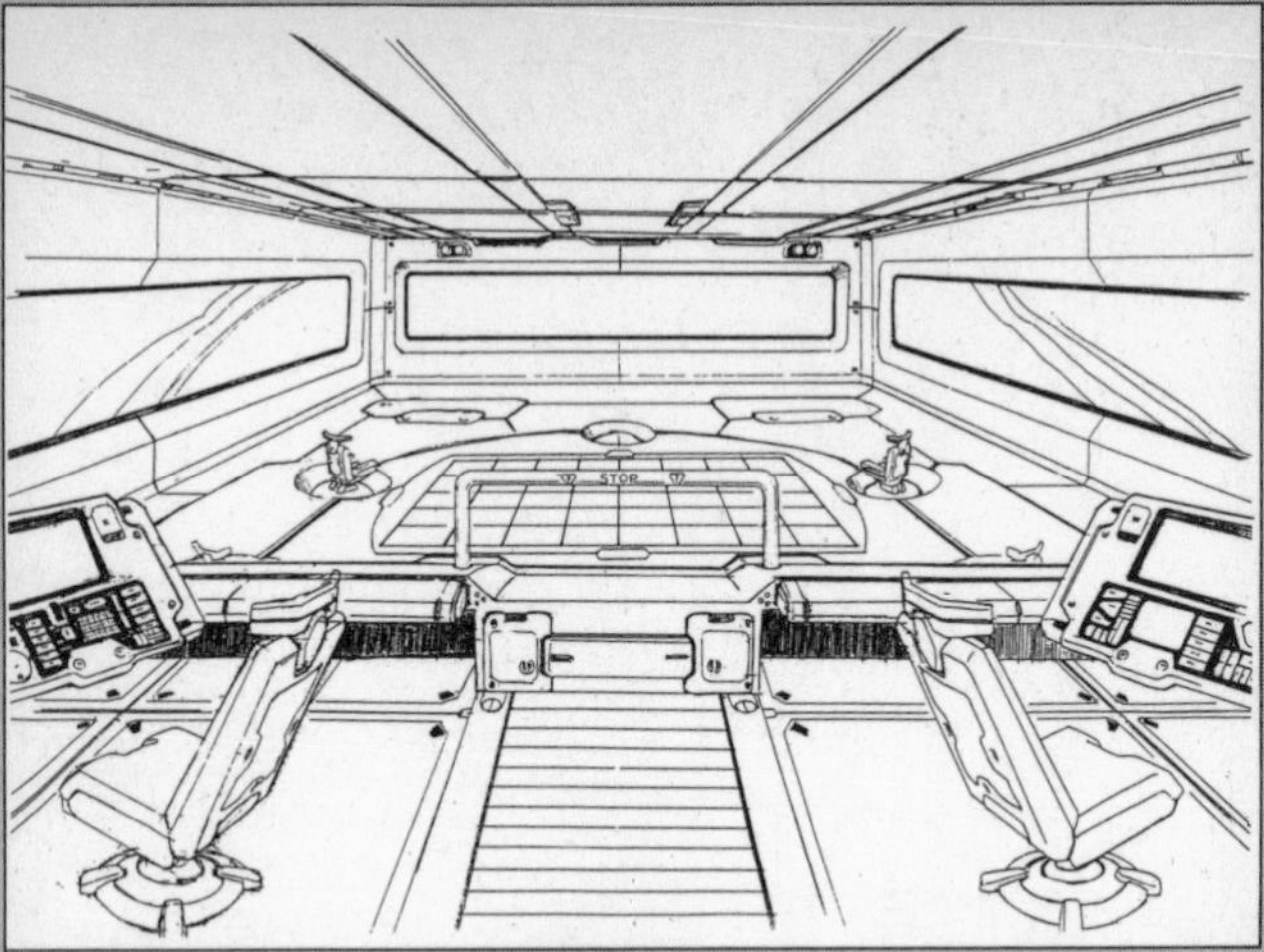

指揮官レベルのいる後方ブリッジは、それのみで上昇が可能。ミーティング時などに使用する

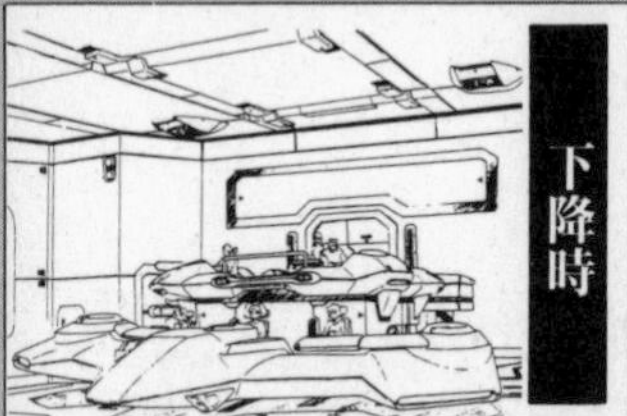

通常のパターン。平時の夜間などは、当直がたったひとりなんてこともあるようである

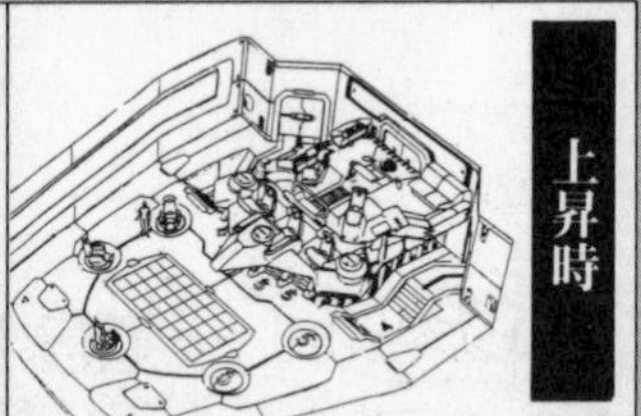

後方のドアは使用不可能に。艦長席からは操舵士たちのいるスペースが見えなくなる

コクピットパイロットシート

前方にあるパイロット用のシート。使用しないときは床に収納可能

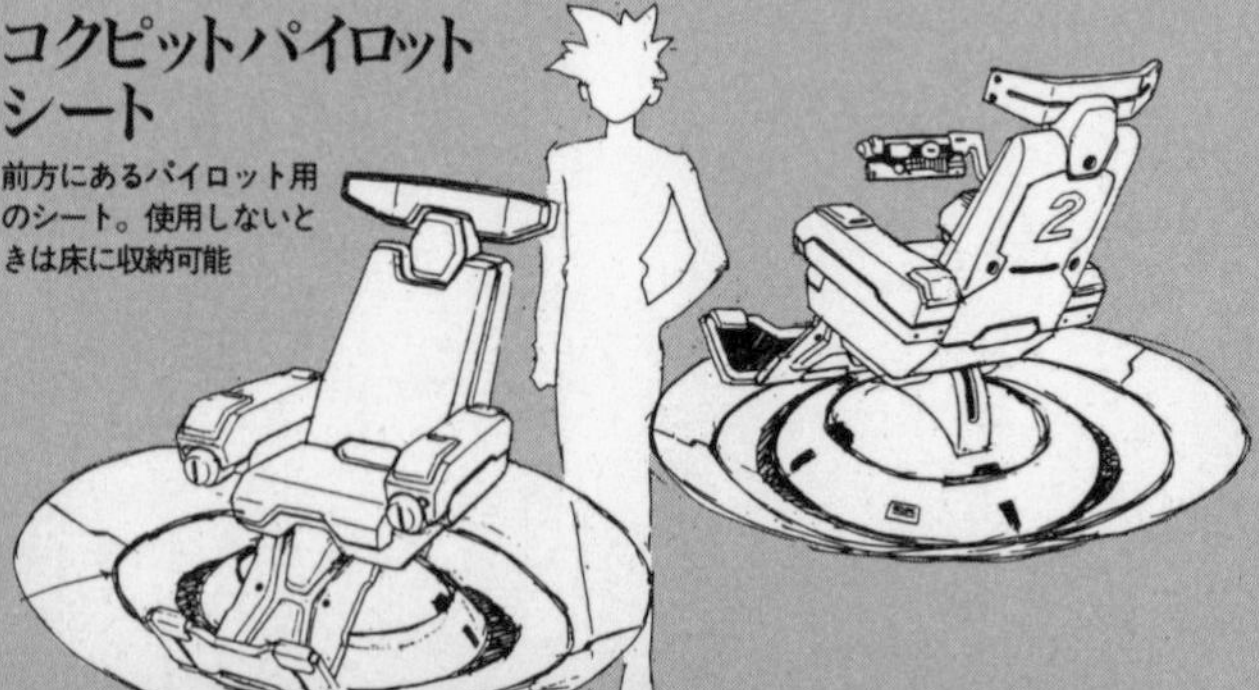

ナデシコブリッジ

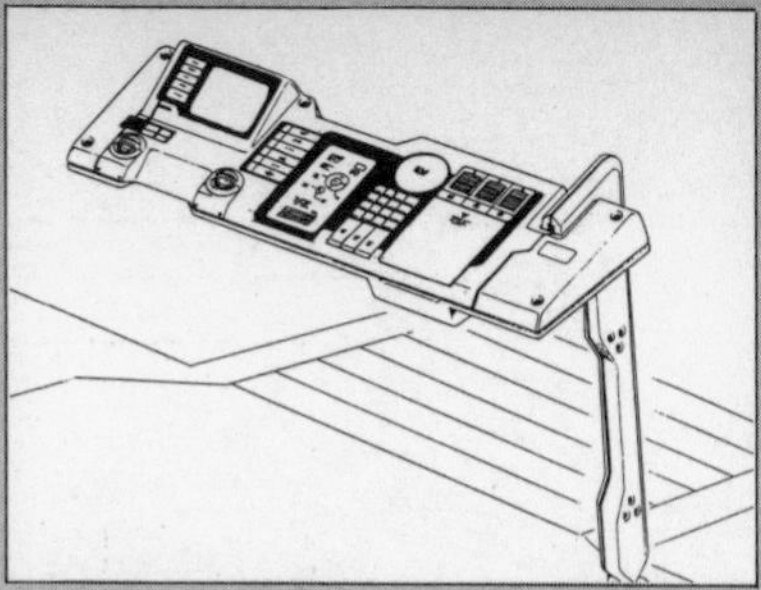

艦長用コンソール

すべての情報が集約可能。ちなみに艦長には椅子はない

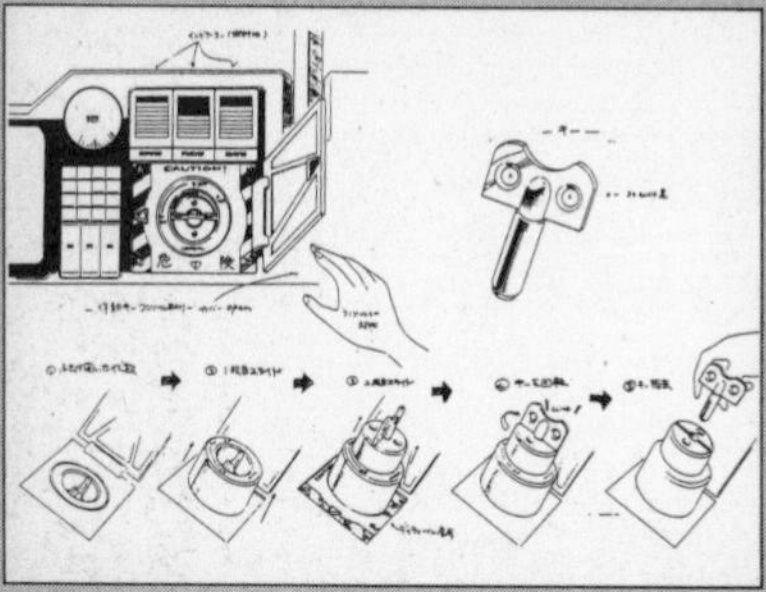

作動キー

艦長とネルガル重工の会長以外、使用することはできない

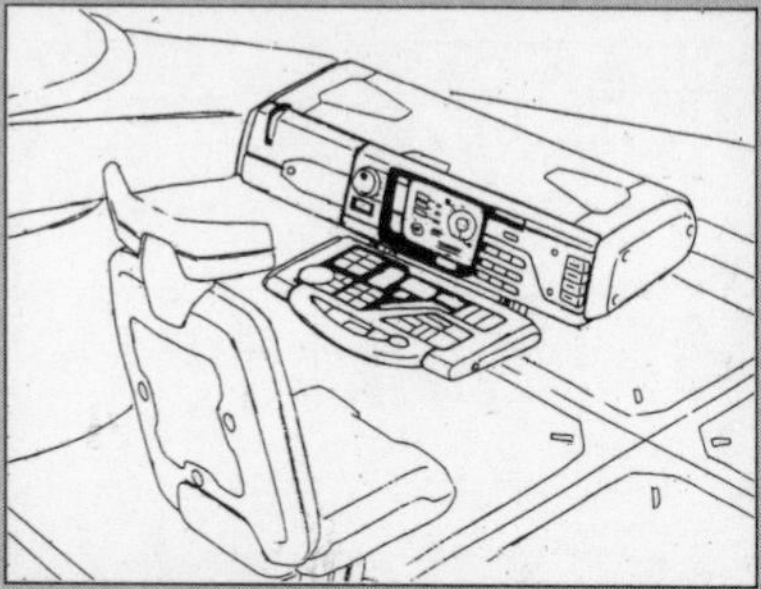

通信士コンソール

メグミが使用するコンソール。これにインカムが付く

操舵用コンソール

ミナトが使用。両手をボード部分において操舵する

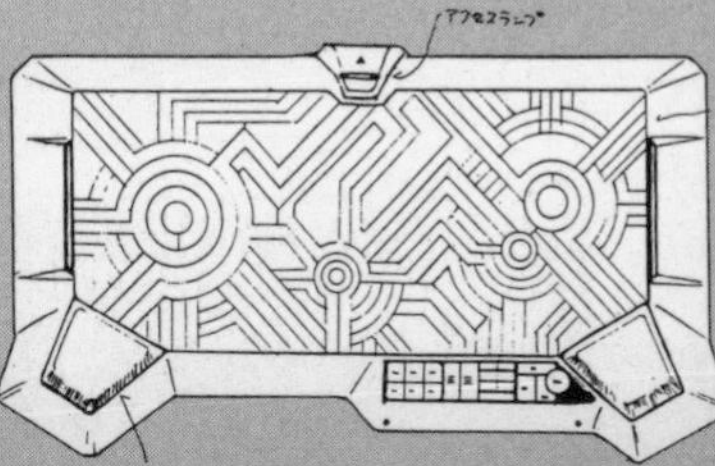

ルリのコンソール

IFSでダイレクトにコンピュータに接続されるため、両手を置くパネル部分のみを使用

ナデシコのブリッジは三重構造になっており、後方は艦長や参謀など、指揮官レベルのクルーが、真ん中は、通信士、操舵士などのスタッフが常勤。前方は、平時のパイロットシートとなっており、彼らが出撃直前までの戦況を把握しやすいようになっている。また、足下のスクリーンでは、作戦行動の指示や、ミーティングも可能である。

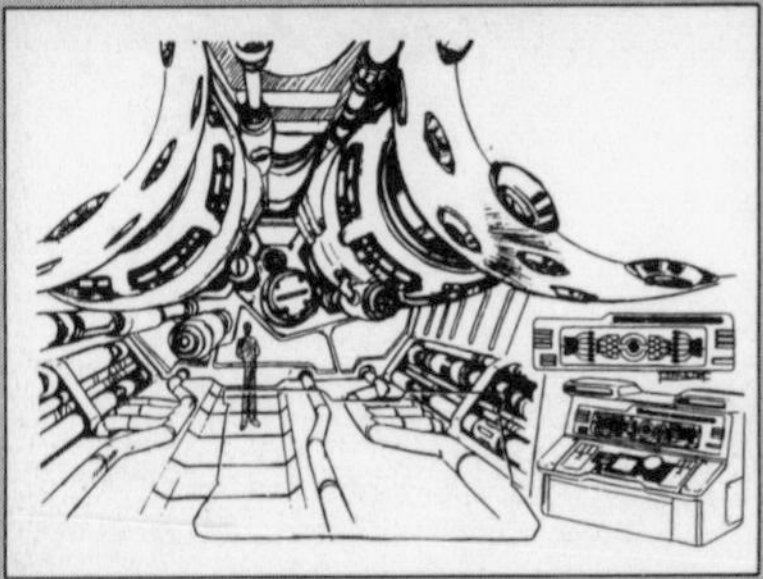

相転移エンジンルーム

ナデシコの下部後方にあるメーンエンジン

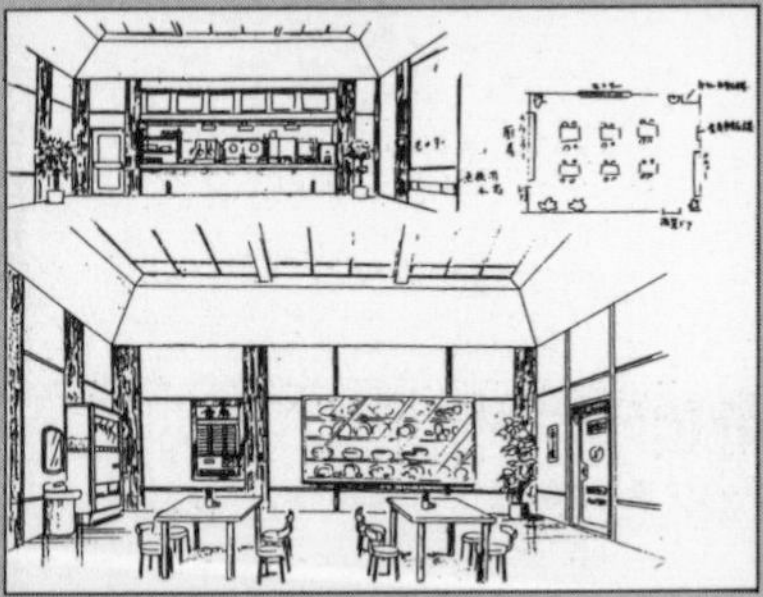

ナデシコ内食堂

戦艦内部とは思えないアットホームな雰囲気がウリ

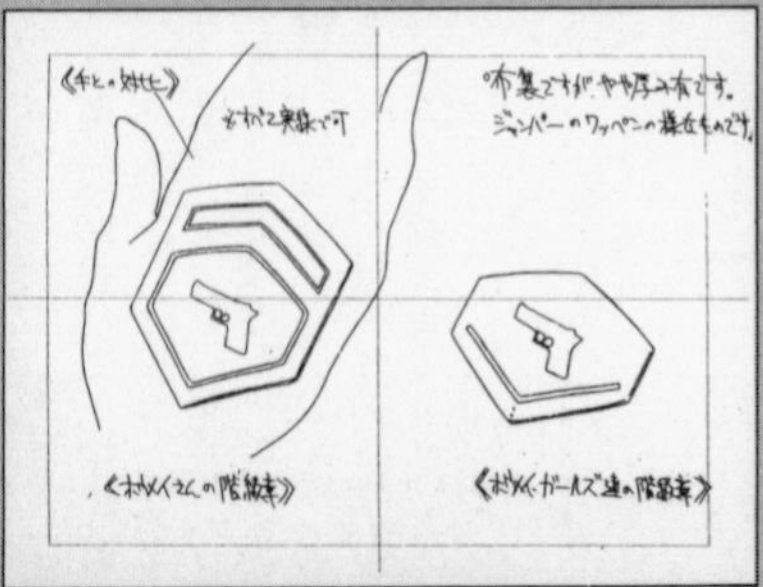

食堂スタッフ階級章

左がホウメイ、右がホウメイガールズのもの。布製

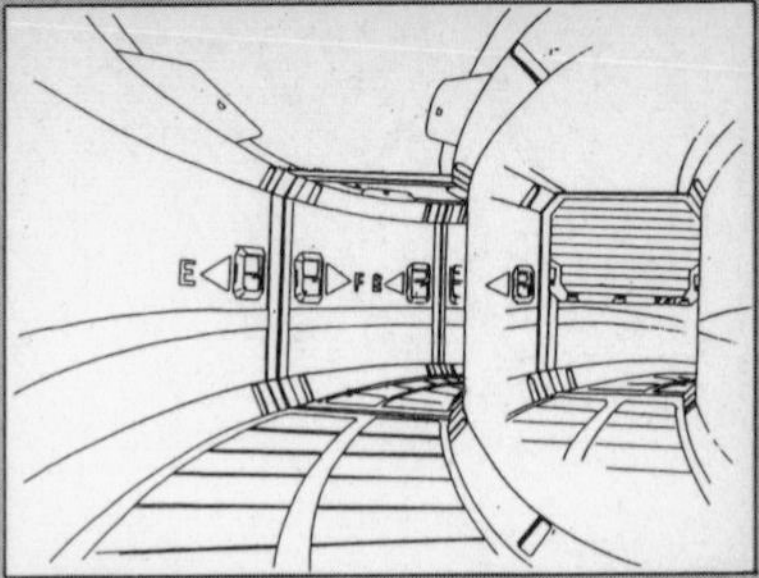

通路

住居ブロック以外の通路。連邦軍の戦艦もこれと同じ形式

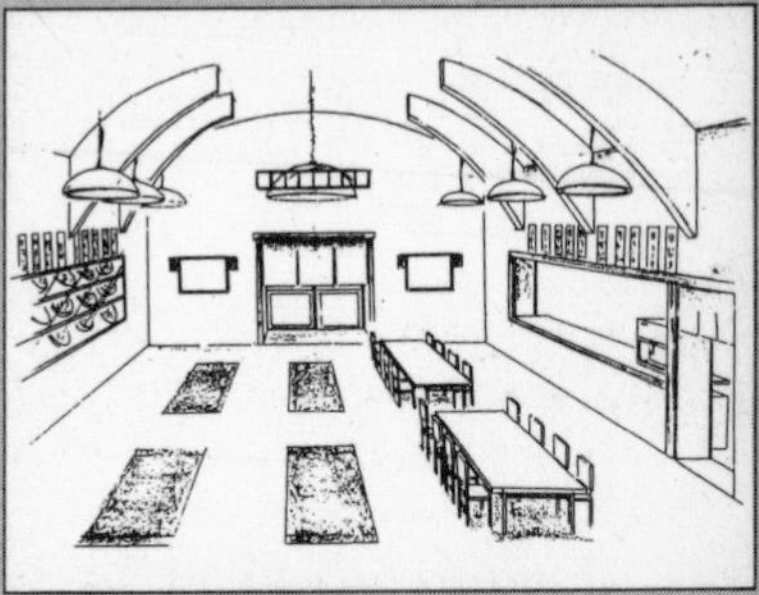

社員食堂

ネルガル月面工場の社員食堂。ナデシコと比較してみよう

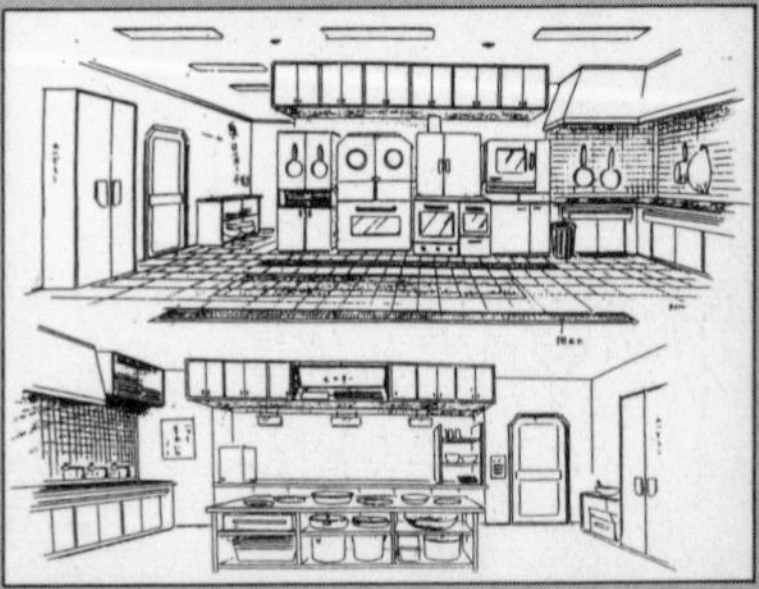

厨房

ナデシコ食堂の厨房。奥にはロッカールームがある

ファイル②
ライフスペース

ナデシコ艦内

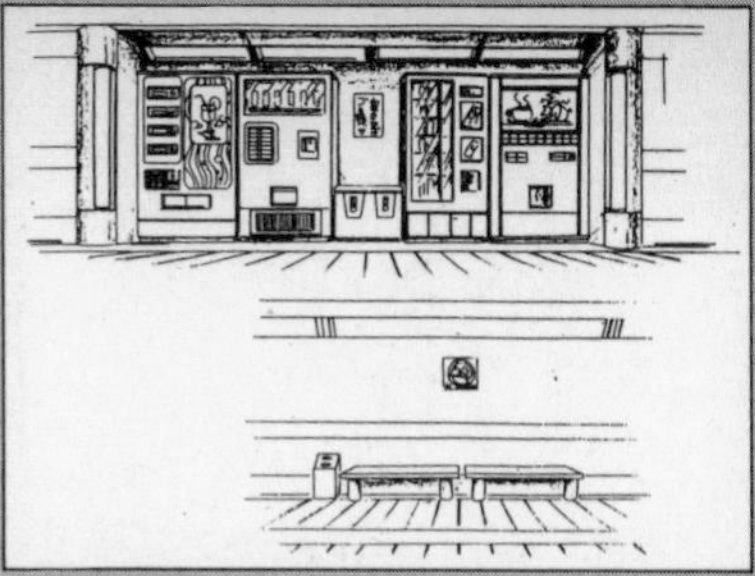

自販機コーナー
クルーの嗜好を反映した品ぞろえ。向かい側にはベンチも

リラクゼーションルーム
クルーが仕事を忘れ、リラックスする憩いの場所

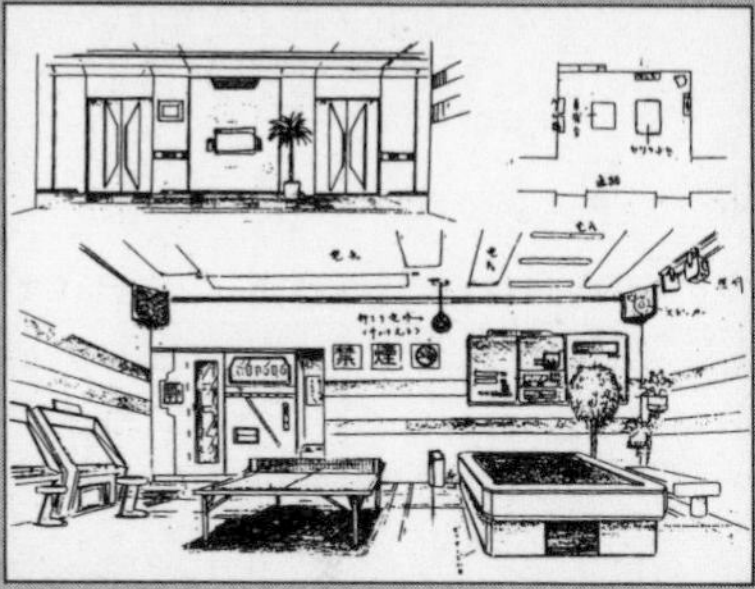

遊戯場
ひなびた温泉宿のようなゲーム機がクルーの心をいやす

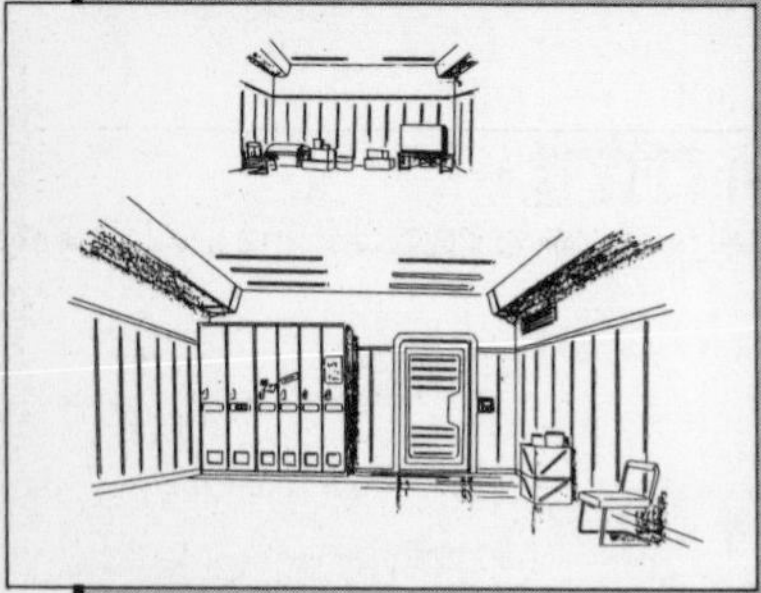

整備員控え室
いかにも男所帯といった色気のない内装である

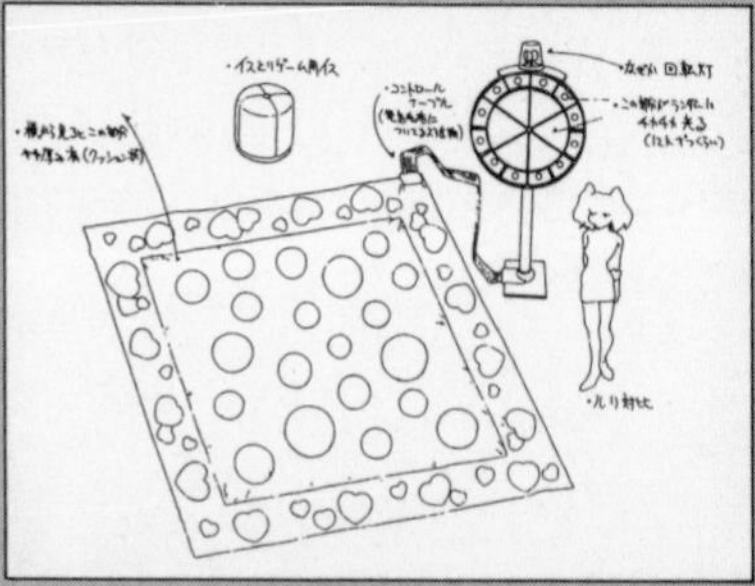

セイヤのスーパーラブアタックゲーム
セイヤ特製。だが、結局使用されることはなかった

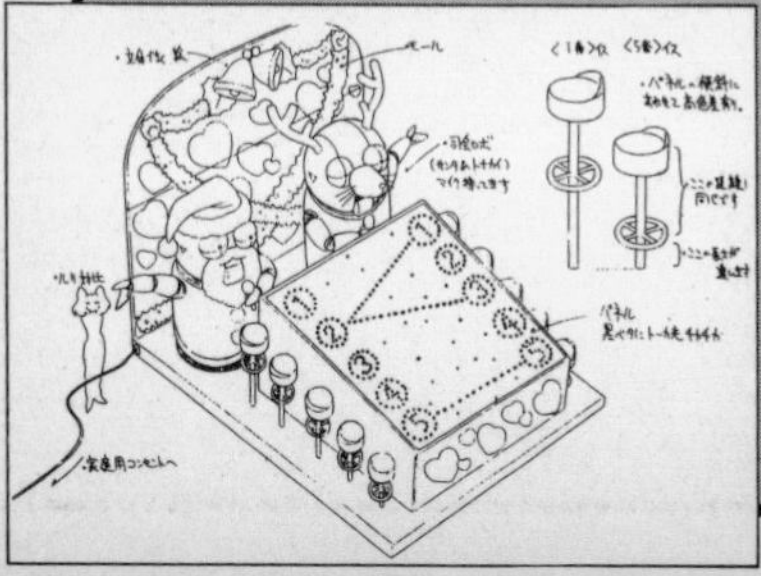

セイヤスペシャル ねるとんスペシャル
ねるとんというより、フィー○ングカッ○ル5○5……

脱衣所

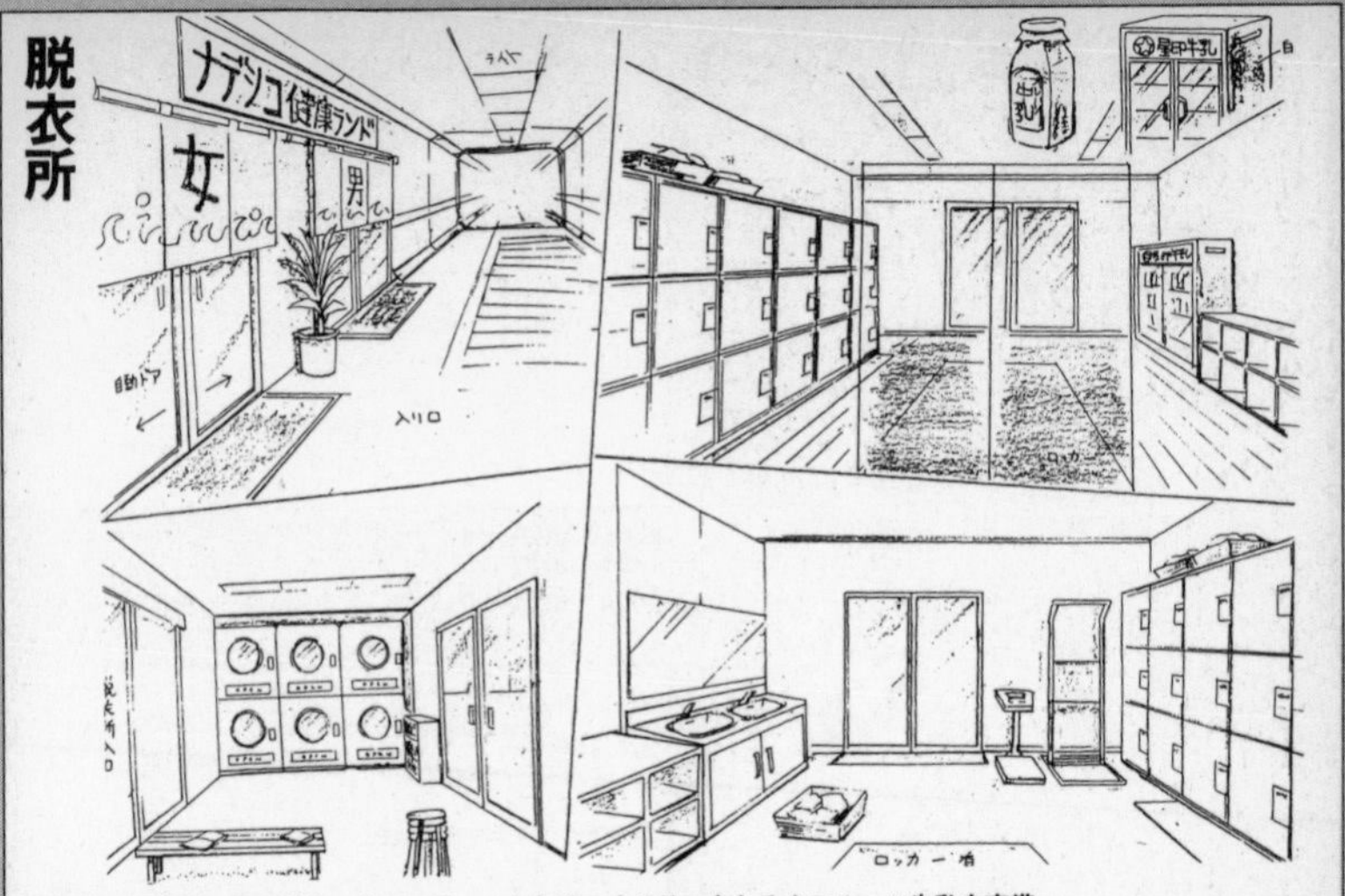

ロッカーにコインランドリーもついて、いたれりつくせり。もちろんフルーツ牛乳も完備

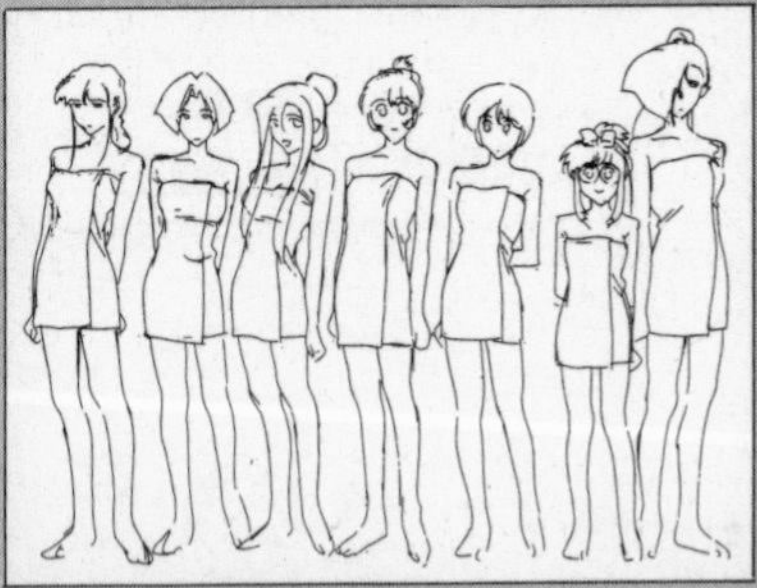

5話に登場した女性クルーの艶姿♡　バスタオルは支給品のようで、全員無地のオレンジ色だった

サウナルーム

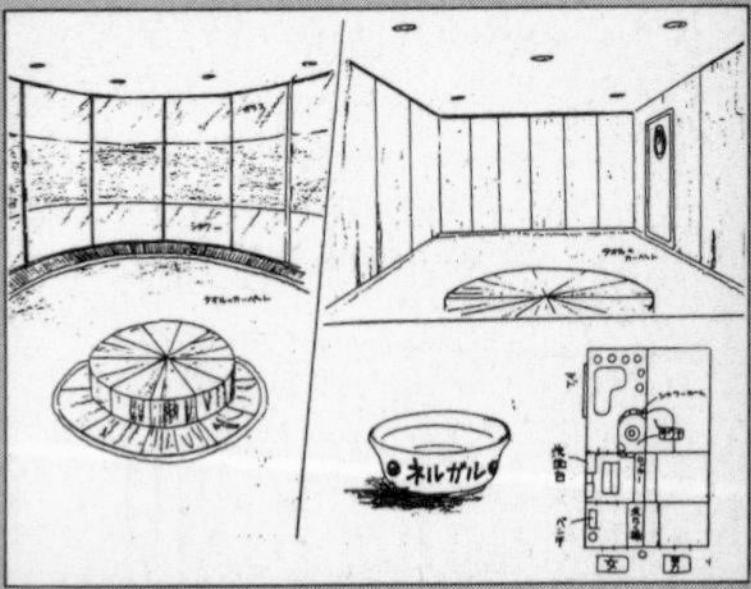

この外には、外の景色が見える大きな風呂がある

ピンで留めたり、タオルでまとめたりとイロイロ。ちなみにイネスはいつもと同じ

クルーの私室

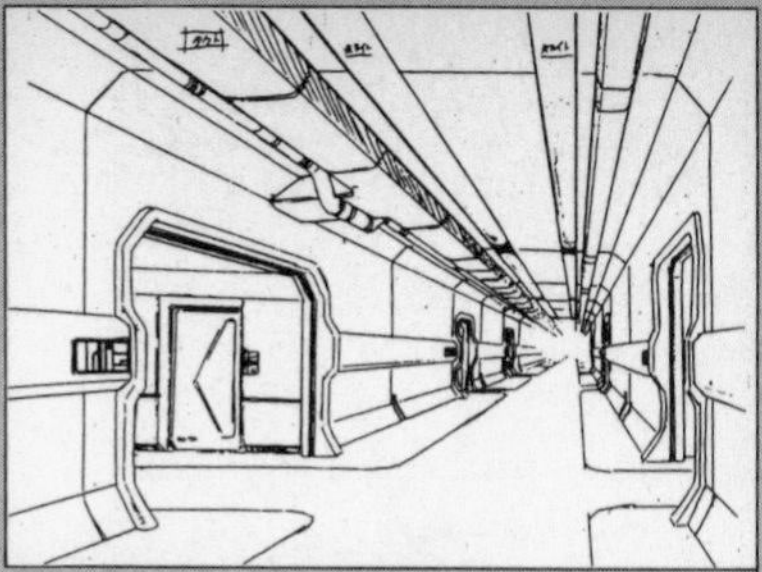

居住区メーン通路

碁盤の目のように、縦横にきれいに通路が走っている

アキトの私服(冬)

13話などで登場。
相変わらずラフな格好が好きらしい

ジュンのコスプレ

艦内を逃亡中の敵パイロットをおびき出すための格好

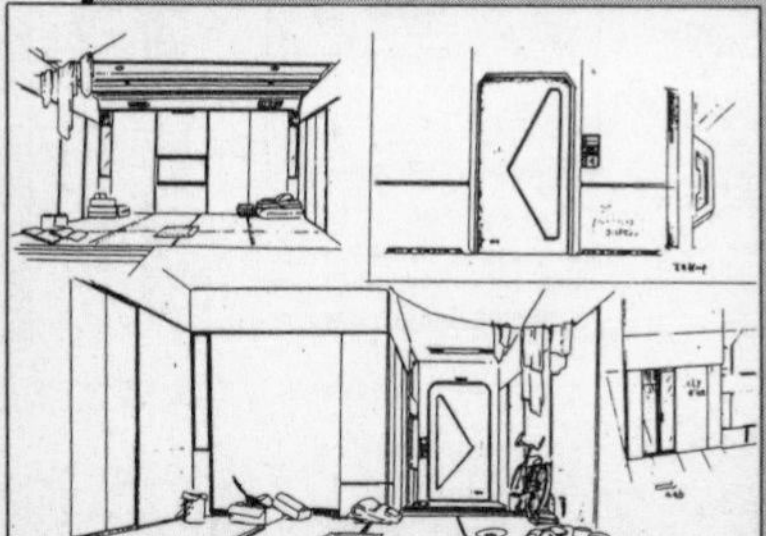

アキトの部屋

これは初期バージョン。現在はゲキ・ガンガーグッズあり

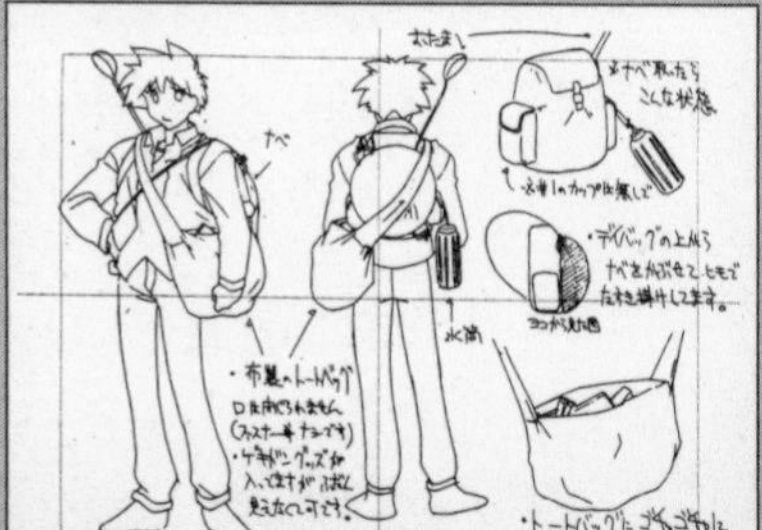

下船ルック

完璧にドレスアップしたメグミに比べてこの格好……

ユリカの部屋

とても女性らしいが、これが戦艦内かと思うと異様に豪華。オプションが多いのは艦長の特権か。それにしてもピアノは必要か？

ユリカのぬいぐるみ

1話で、スーツケースの中に入っていたくまのぬいぐるみ。現在は、ちゃんとベッドの上に置かれている

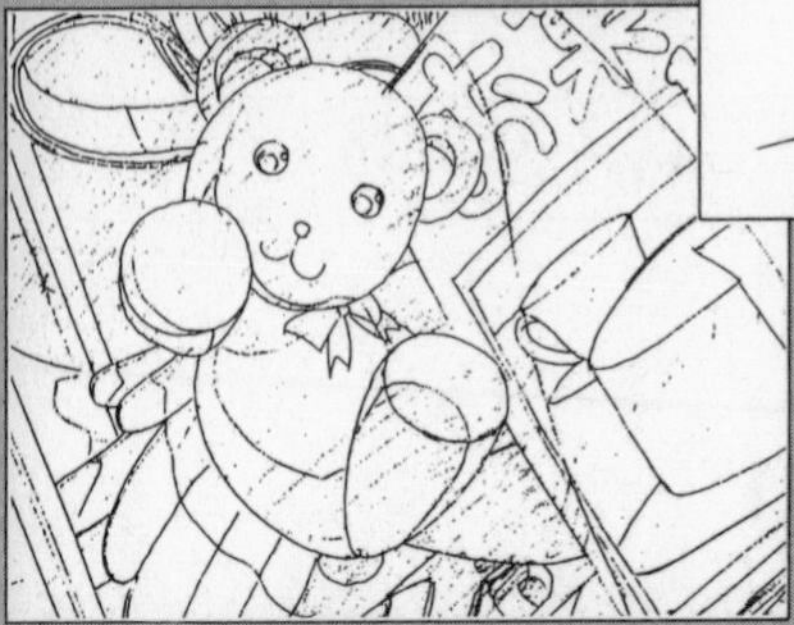

プロスペクターの部屋

こちらは企業戦士の書斎といった趣き。見事に生活感が感じられないが、唯一、観葉植物の隣にある写真立てに人間臭さがにじみ出る

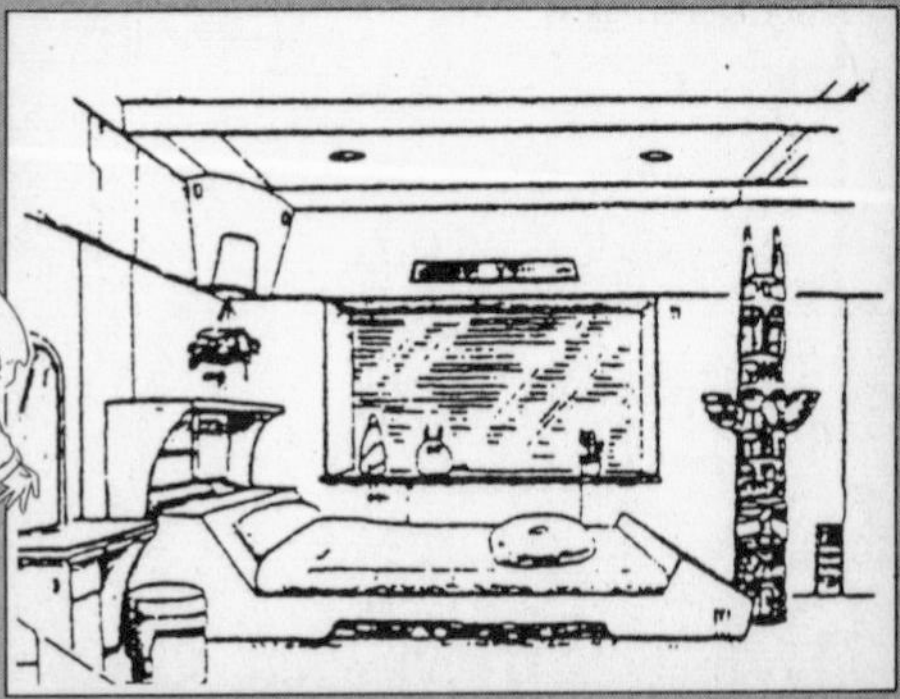

ミナトの部屋

いかにも戦艦内で、女性らしさを表現しているという感じのミナトの部屋。ただし、あやしげなトーテムポールが謎を呼ぶ

エリナ、ユリカ、ミナト私服

3人とも、部屋着に近いかなりラフな格好だが、その中にもそれぞれの性格がよく現われている。エリナのみストッキング使用

メグミの部屋

ベッドに鎮座する巨大なウサギは、声優時代に仕事先からもらったのか？　それにしても、こんなものを戦艦に持ちこむメグミも相当変である

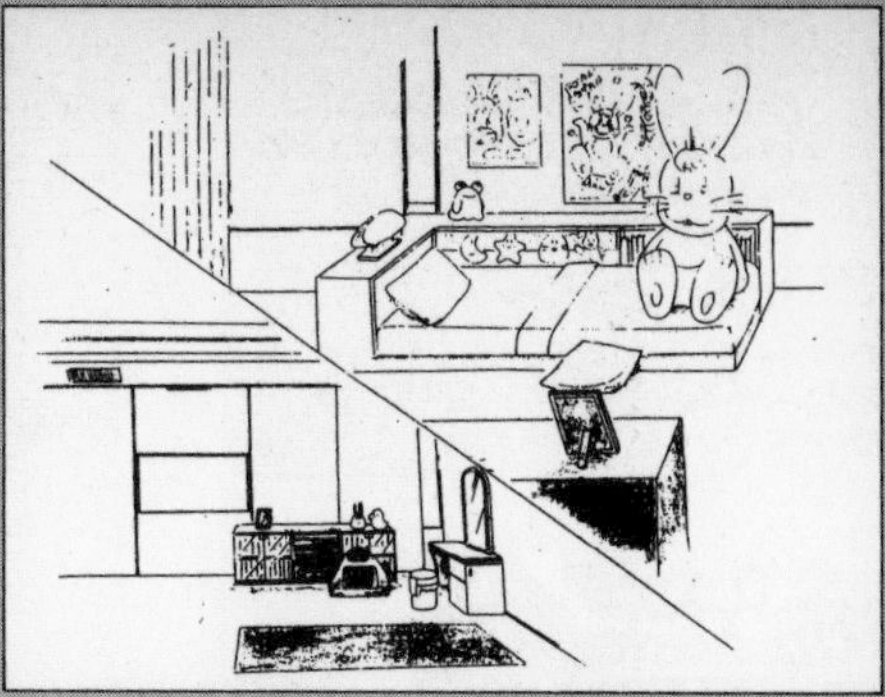

私服姿

こちらも、部屋着に近いラフな服装である。三つ編みがさらにルーズになり、髪留めも変わっていることに注目。実に細かい

新婚さんふう

13話でアキトにくっついて下船するときの服装。気分はもう新婚さんといったところ。髪留めがまたまた変わっている

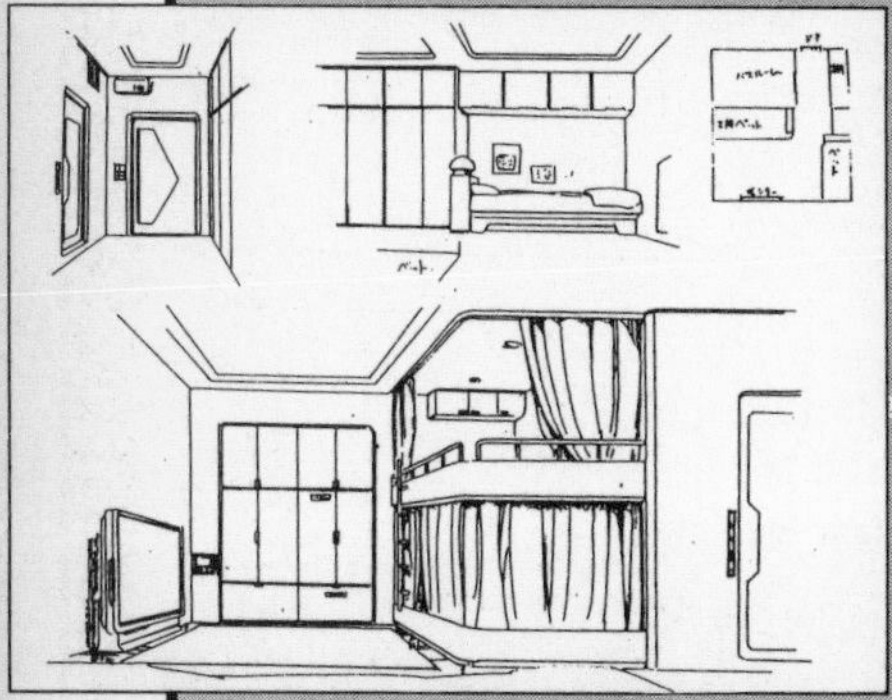

リョーコたちの部屋

思ったより殺風景。ヒカルあたり、いろいろな小道具を持ちこんでいそうなのだが……。それにしても3人一緒とはお気の毒

コスプレ3人娘

クリスマスパーティーでの扮装。リョーコはブルース・リーで、ヒカルは国分寺ナナコ、イズミはなぜか八ツ墓村らしい……

アトモ社

ボソンジャンプの研究を進める会社。ネルガルの傘下にありながら、名前を表に出さないのは、人体実験まがいの研究だからか？

アトモ社会議室

窓もなく、出入り口は仕切りの向こう。いかにも秘密の会議（しかも法律や人道に反する）が行なわれそうな雰囲気である

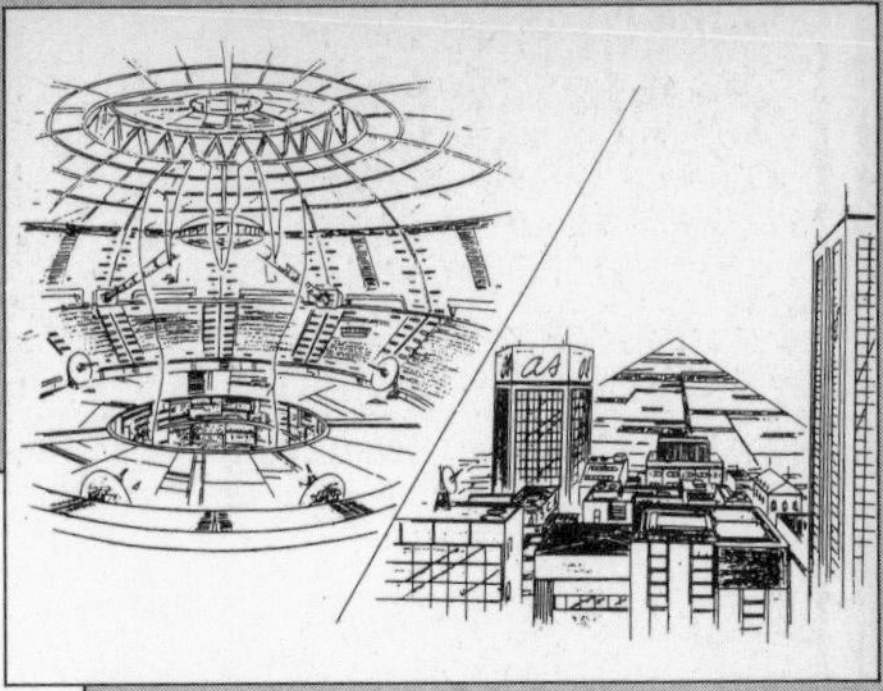

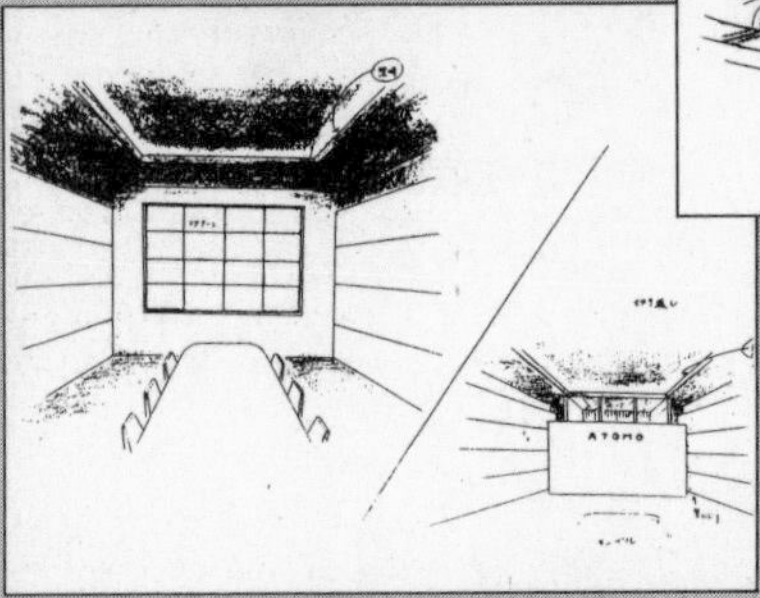

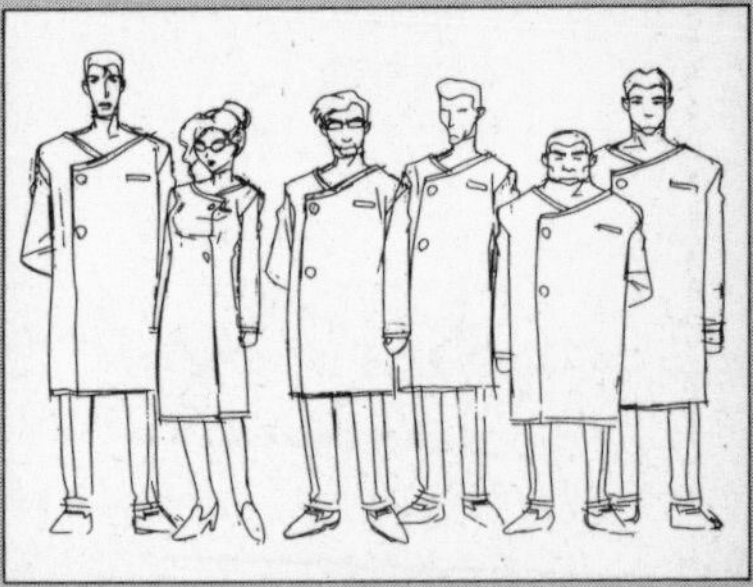

ネルガル技術チーム

アトモ社でボソンジャンプの研究をするチーム。だが、彼らが6人集まっても、イネスひとりの知識量にかなわないらしい

イネススーツ姿

13話で、アトモ社を訪問したイネスの姿。いつもの白衣姿とは違って、りりしい雰囲気。イヤリングも服装に合わせて変えている

オペレーター

アトモ社で、ボソンジャンプの実験にたずさわるネルガルのオペレーター。20代から30代の若者の姿が多いようだ

エリナ秘書姿

ネルガル重工でのエリナの姿。一介の秘書にしては、いろいろなプロジェクトに、かなり積極的にたずさわっているようである

その他

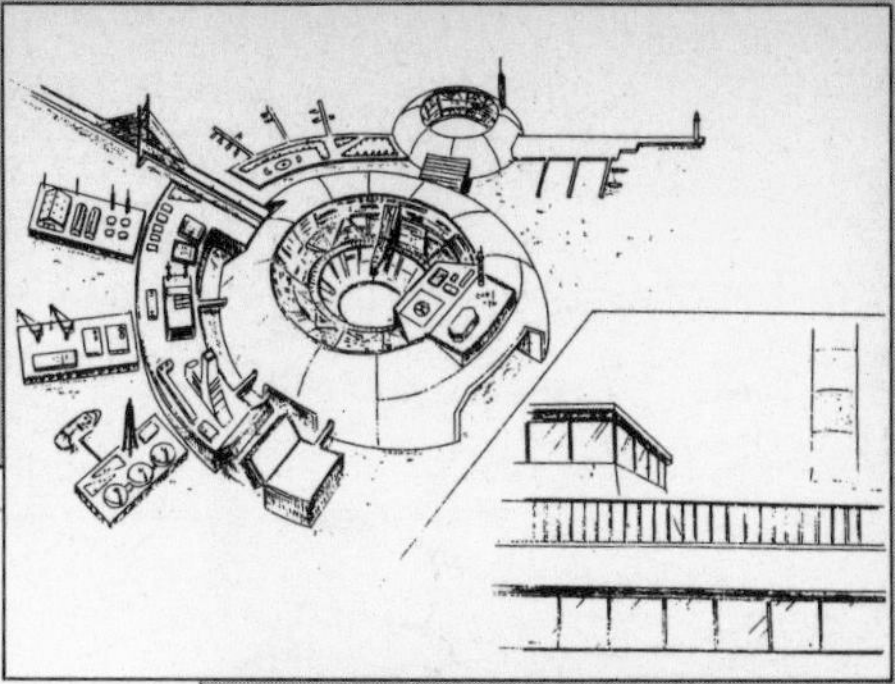

ヨコスカドックラフ

監督によるヨコスカドックのラフ。宇宙軍の横須賀基地というメモ書きが、外観のイメージを伝える

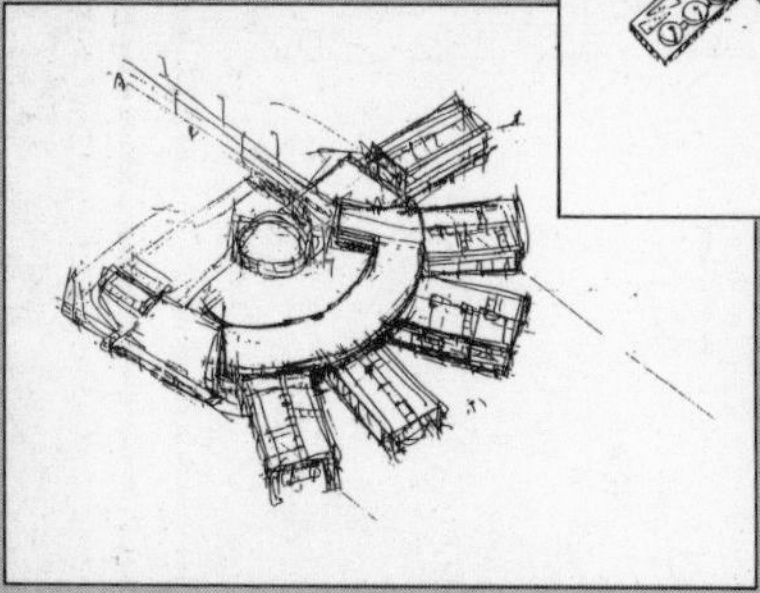

ヨコスカドック

地球連合軍がヨコスカにおいた基地。13話で、アキトがCCを投げたのは、中央ドックの屋上の張り出した部分

ヨコスカシティ

木星のロボットによって破壊されたヨコスカの街並み。奥に見えるのが、地球軍のヨコスカドックである

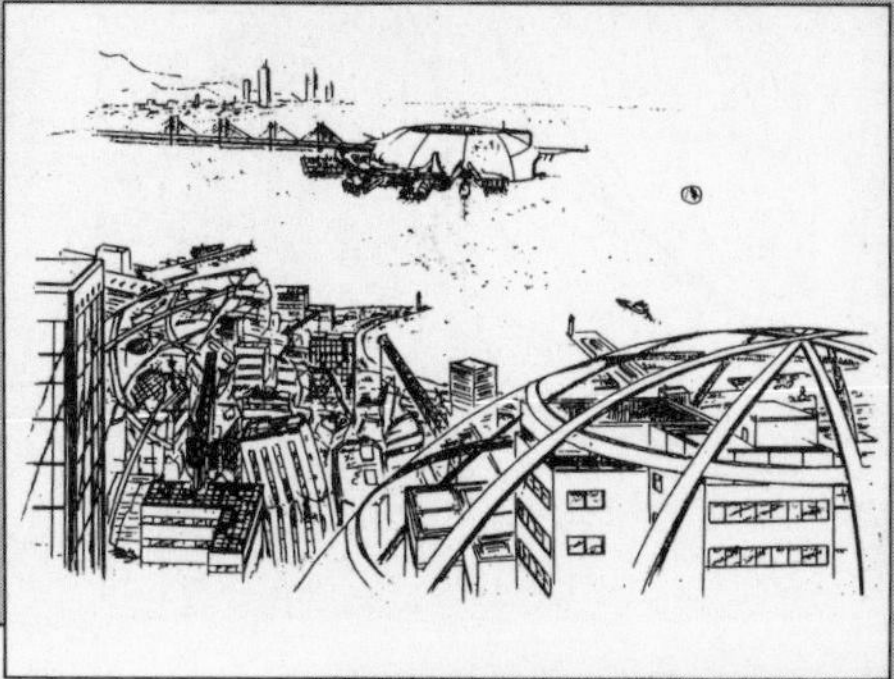

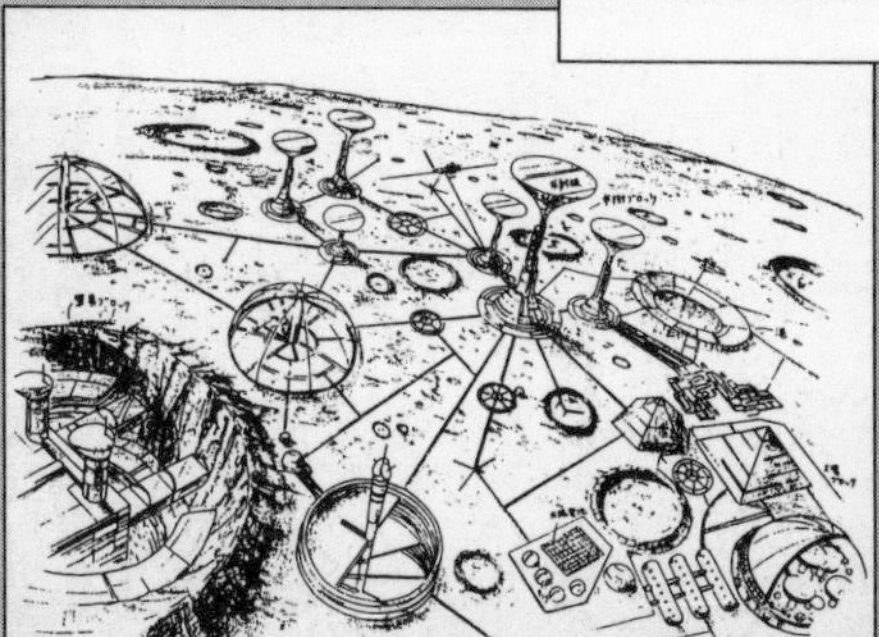

月面基地

15話に登場した月面基地の外観。だいたい左下が軍事ブロック、右下が工場ブロック、右上が市街ブロックに分かれている

ファイル③

エネミー"木連"

ついに木星蜥蜴の正体が明らかに。それと同時に敵メカも続々登場中。キミは全部わかるか？

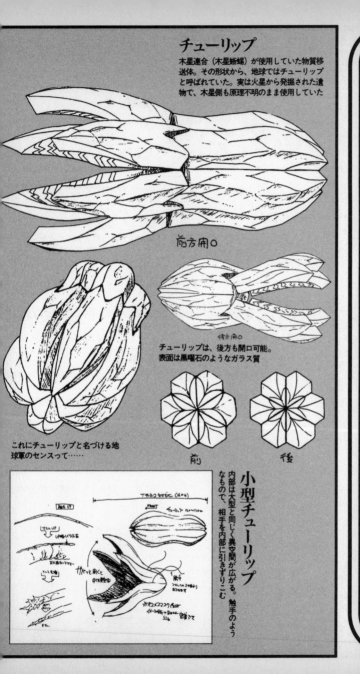

チューリップ

木星連合（木星蜥蜴）が使用していた物質移送体。その形状から、地球ではチューリップと呼ばれていた。実は火星から発掘された遺物で、木星側も原理不明のまま使用していた

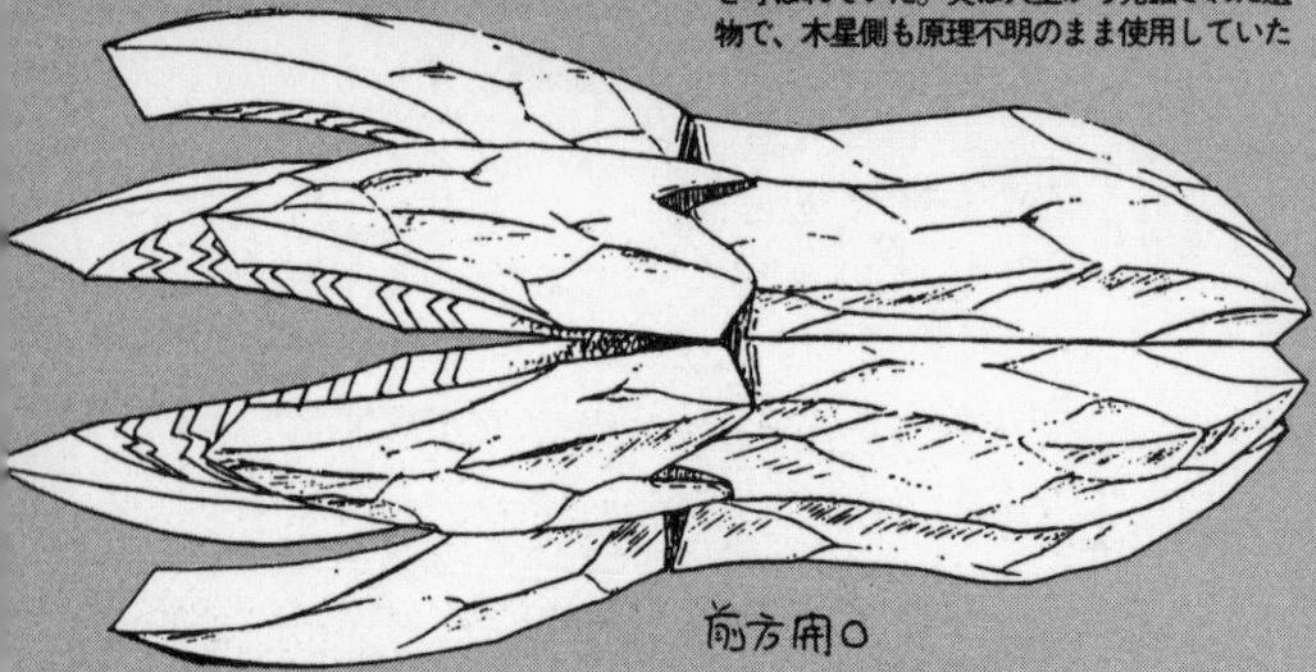

これにチューリップと名づける地球軍のセンスって……

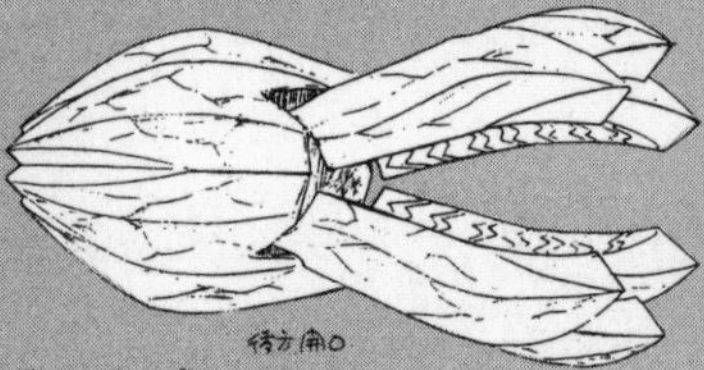

チューリップは、後方も開口可能。表面は黒曜石のようなガラス質

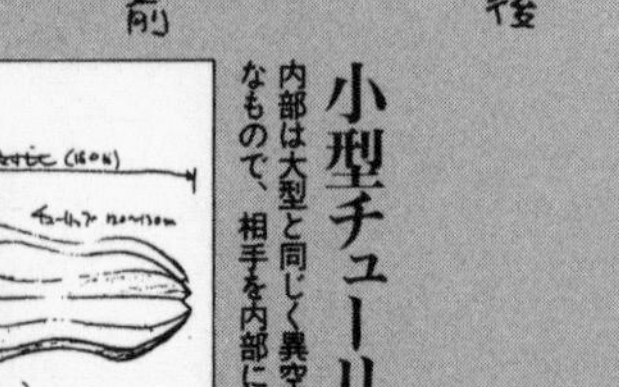

小型チューリップ

内部は大型と同じく異空間が広がる。触手のようなもので、相手を内部に引きずり込む

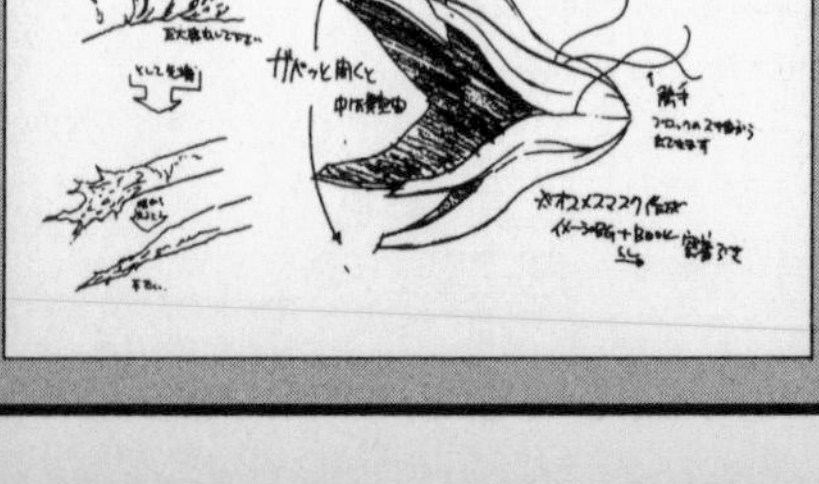

無人戦艦

木星の戦艦は、すべてが自動工場による大量
生産で、各部がブロック構造になっている。
そのため、有人タイプでも無人タイプでも、
基本的な構造は全部同じである

自動工場による大量生産大の為に
各部が方々の構造となっている

戦闘ブロック

燃料・動力ブロック

中枢ブロック
(有人艦はブリッジ内蔵)

正面

大きく分けると、戦闘、燃
料・動力、中枢ブロックの
3つに分かれる。有人タイ
プは中枢をブリッジに

頭部

口が左右に分かれ、内部からレー
ザーを発射する。目は3つ

マジン

ウミガンガーを模して作られたロボット。パ
イロットが搭乗して操縦する、完全な有人タ
イプのメカだ。実は、繰り出す技もほとんど
ウミガンガーと同じらしい

シートの右に音声入力マイクが装備されている

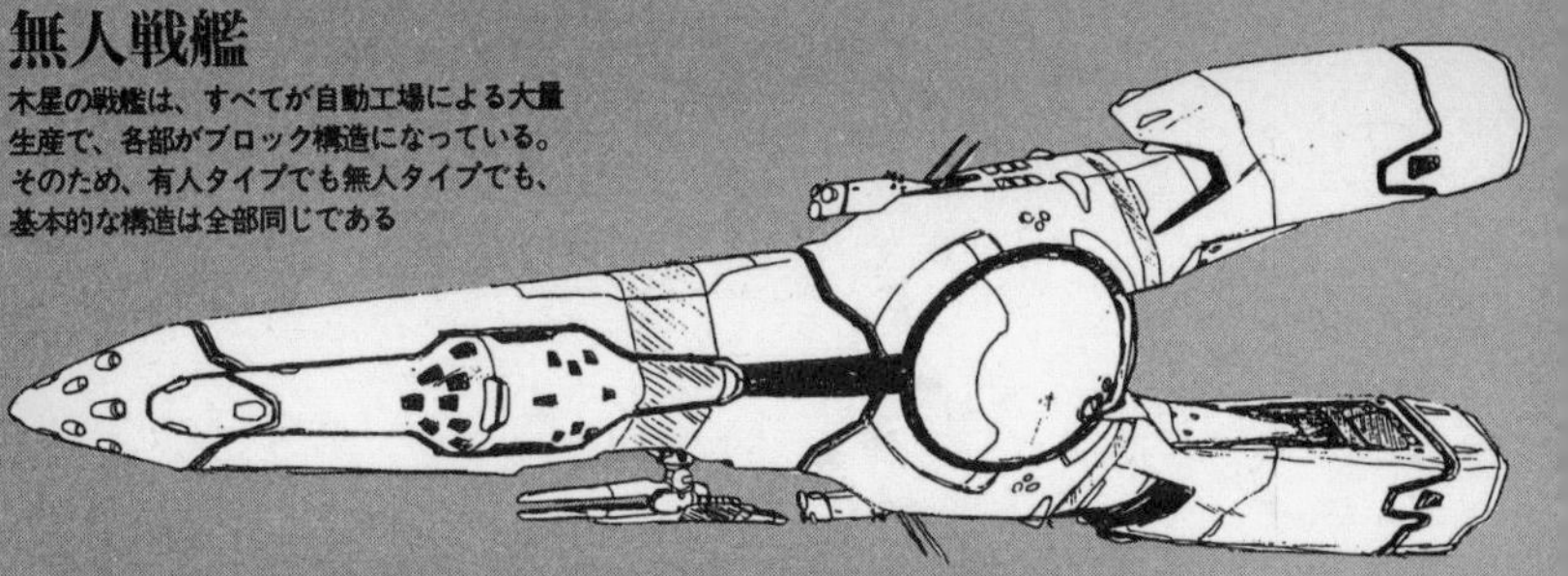

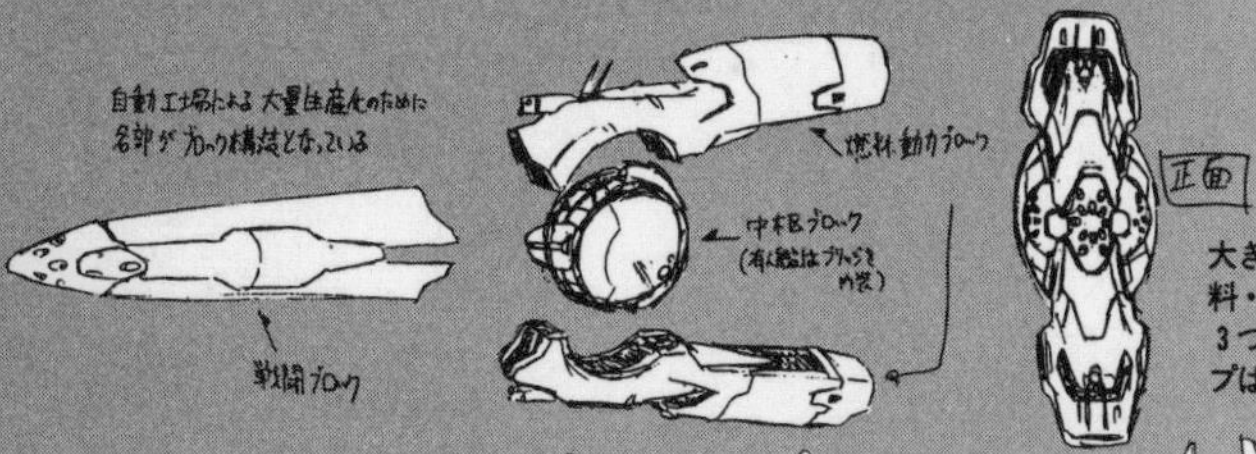

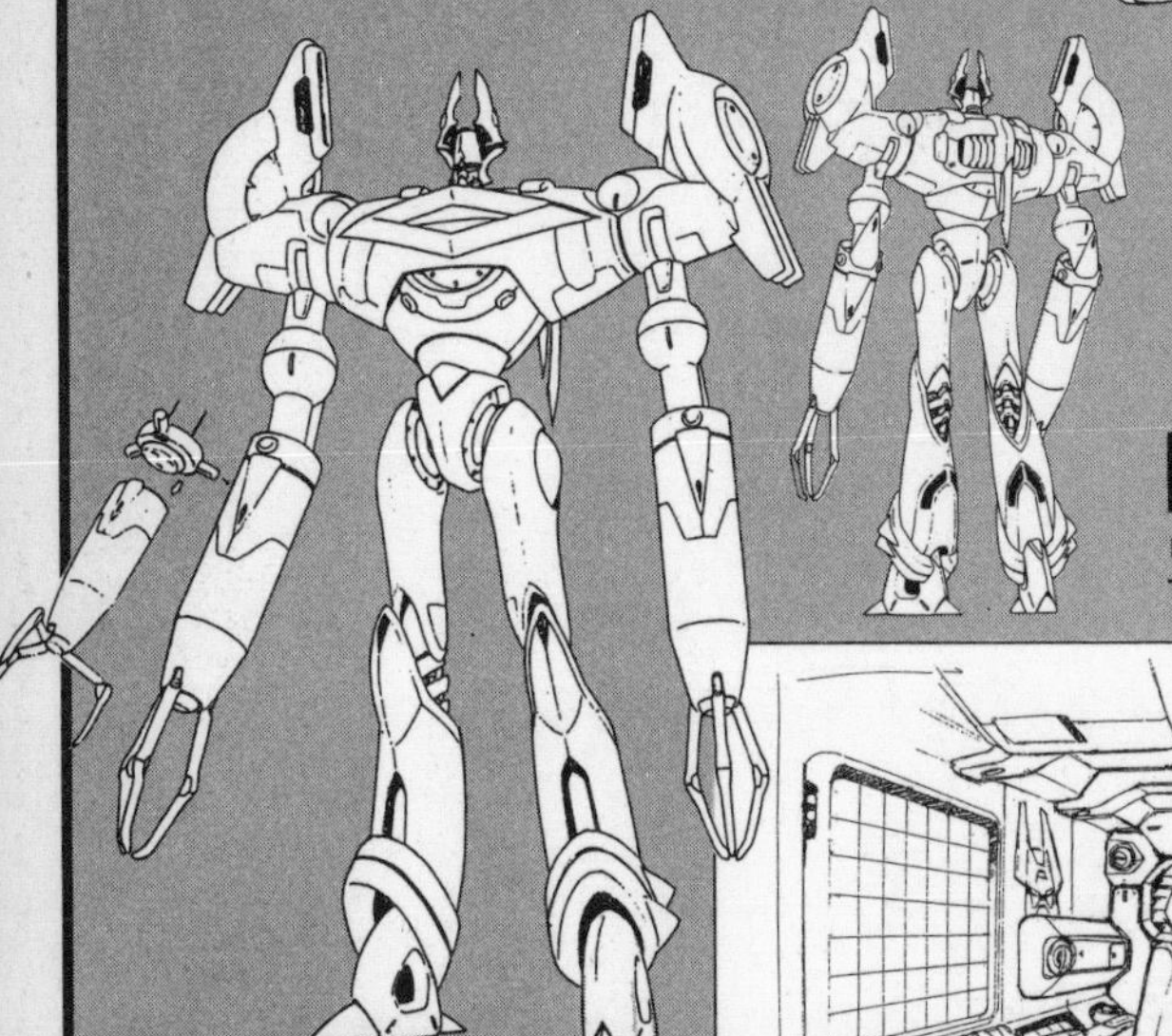

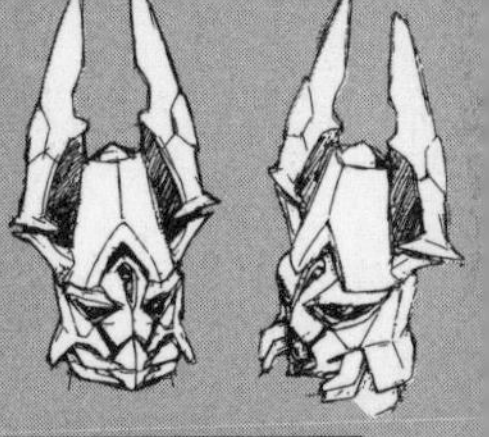

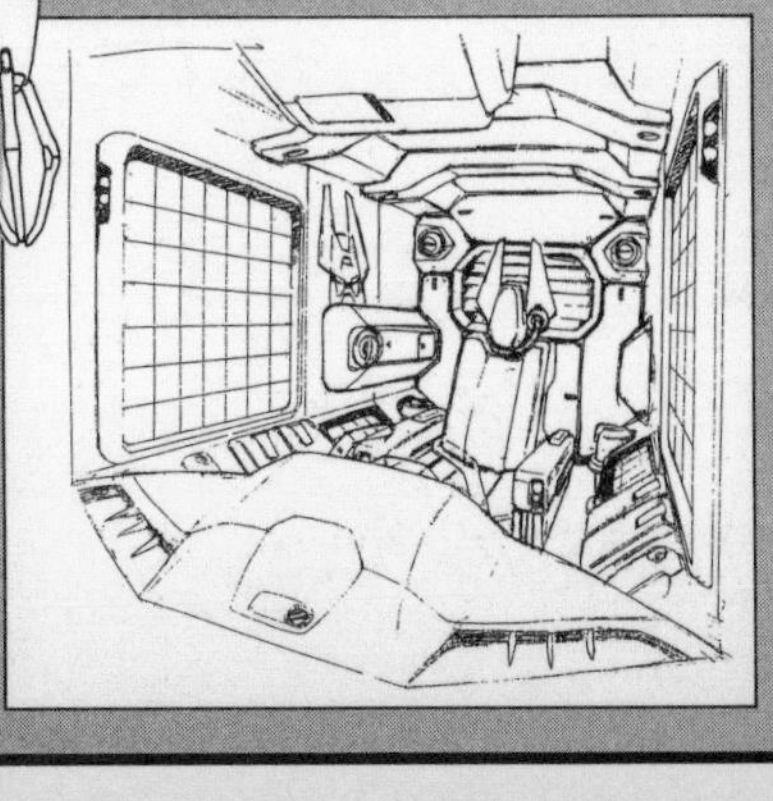

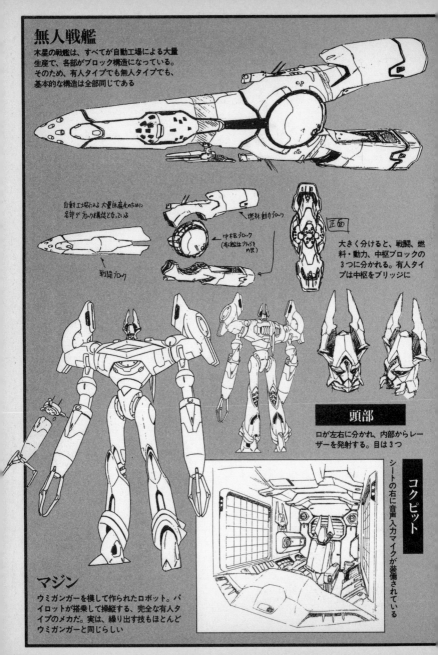

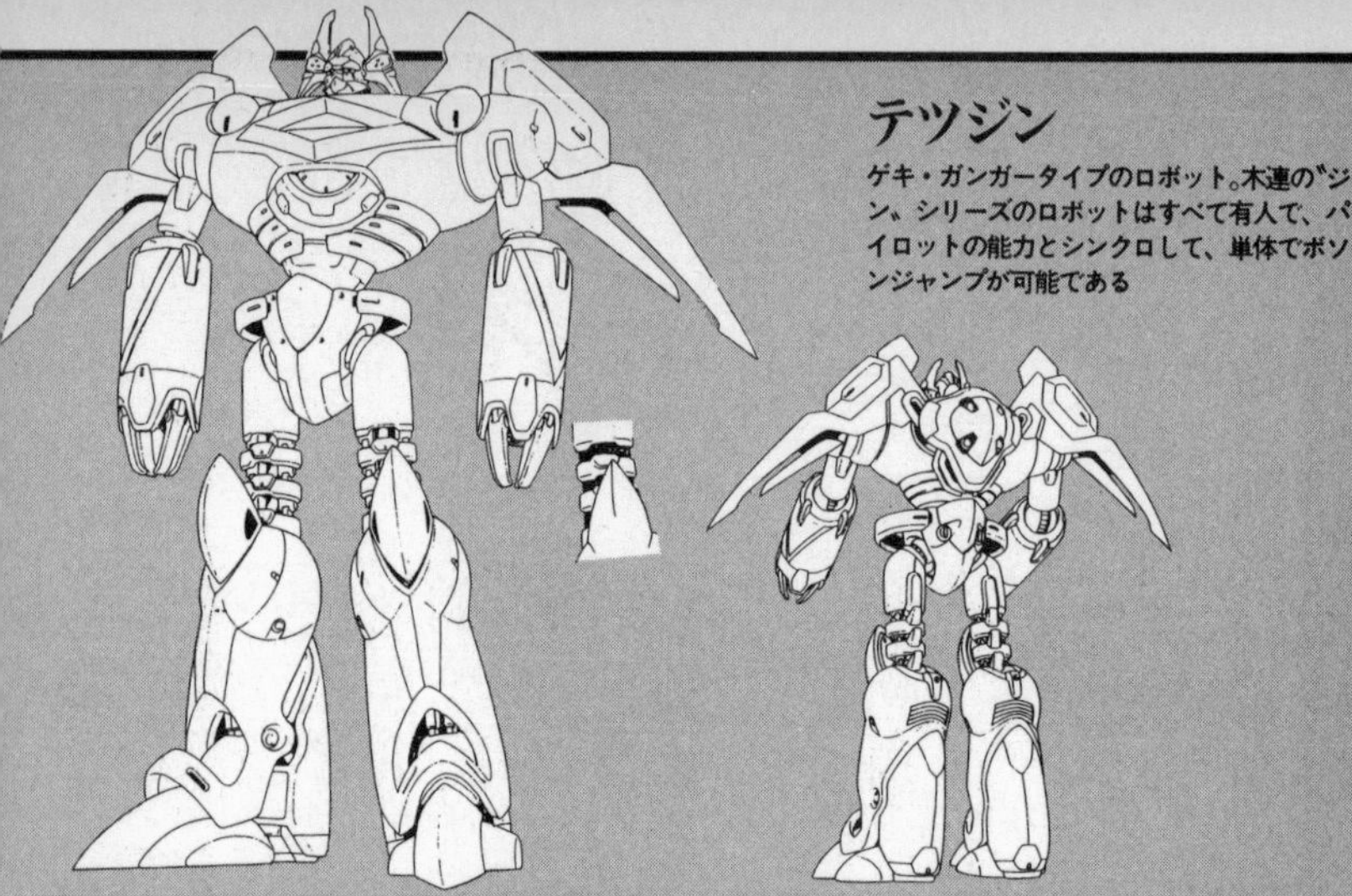

テツジン

ゲキ・ガンガータイプのロボット。木連の〝ジン〟シリーズのロボットはすべて有人で、パイロットの能力とシンクロして、単体でボソンジャンプが可能である

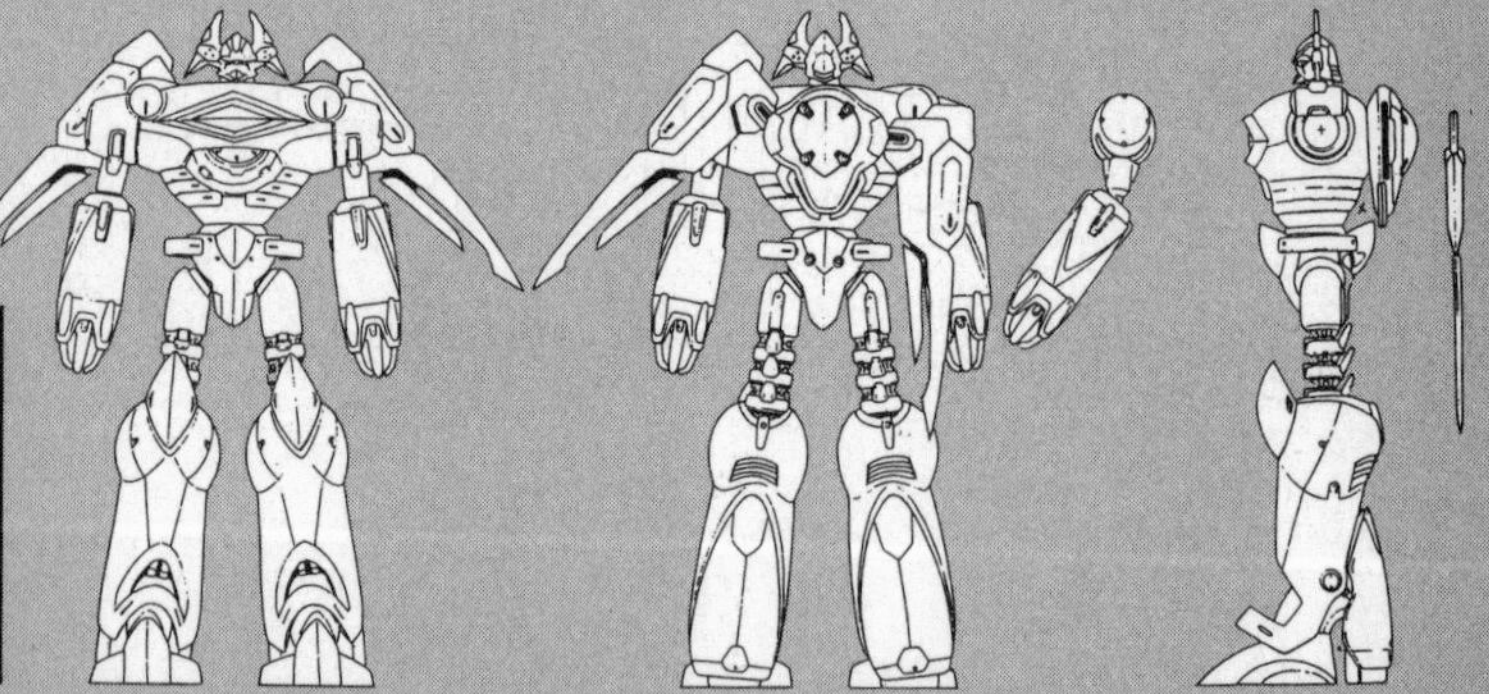

三面図

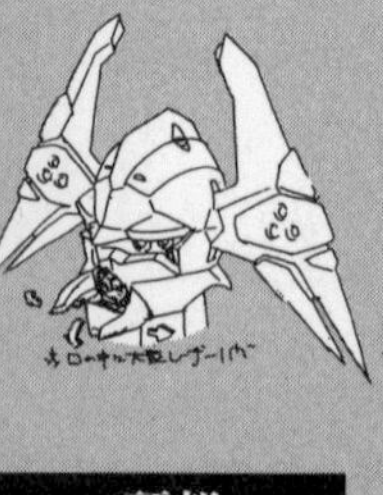

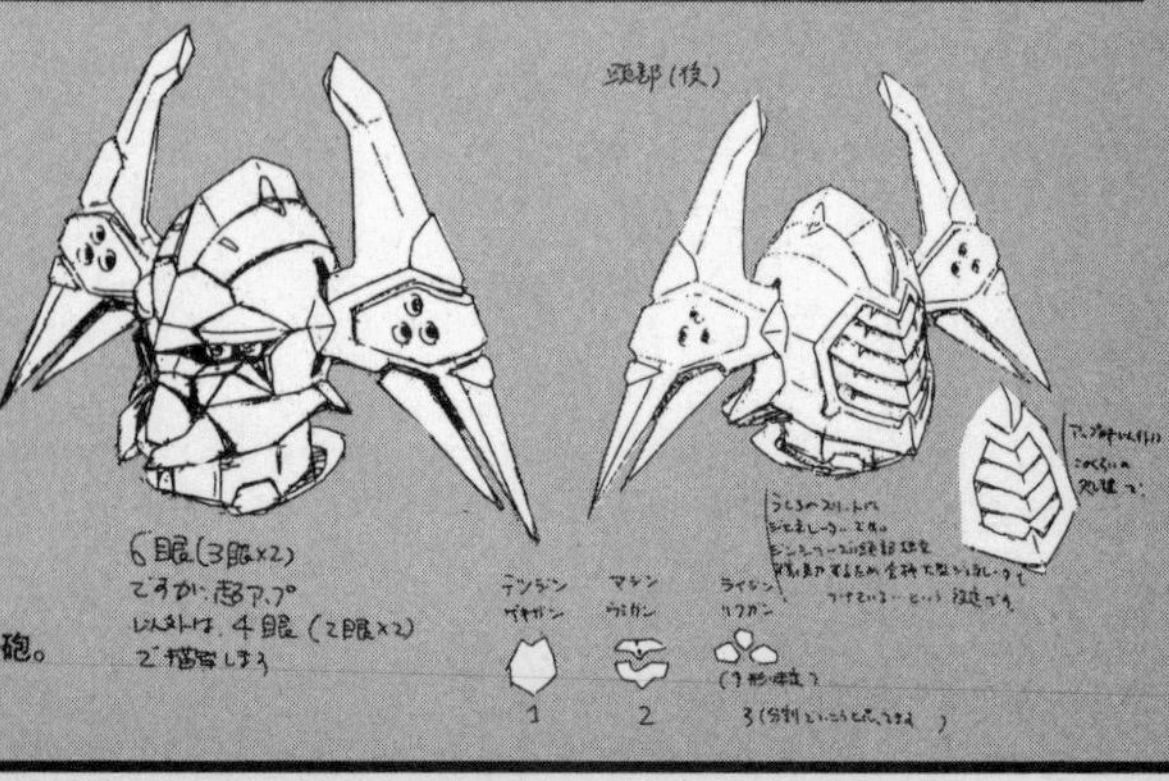

頭部

口の中にやっぱり大型レーザー砲。左右に3つずつ目がついている

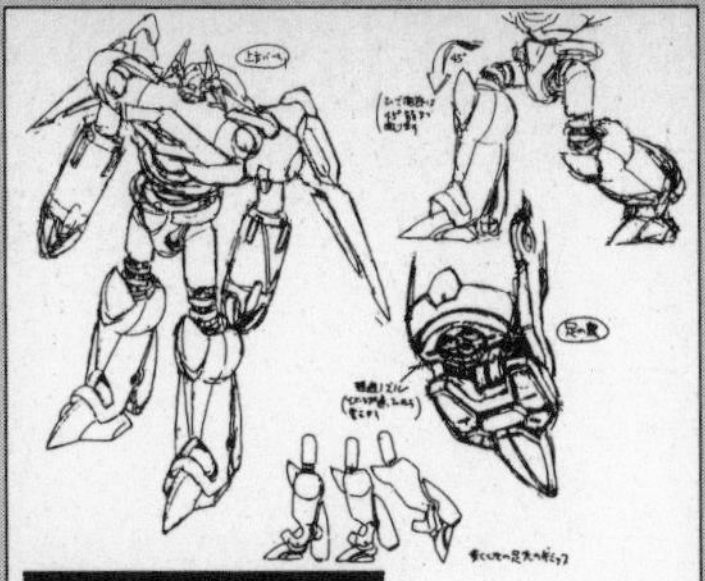

脚部

膝関節は45度ぐらいまで曲げることが可能

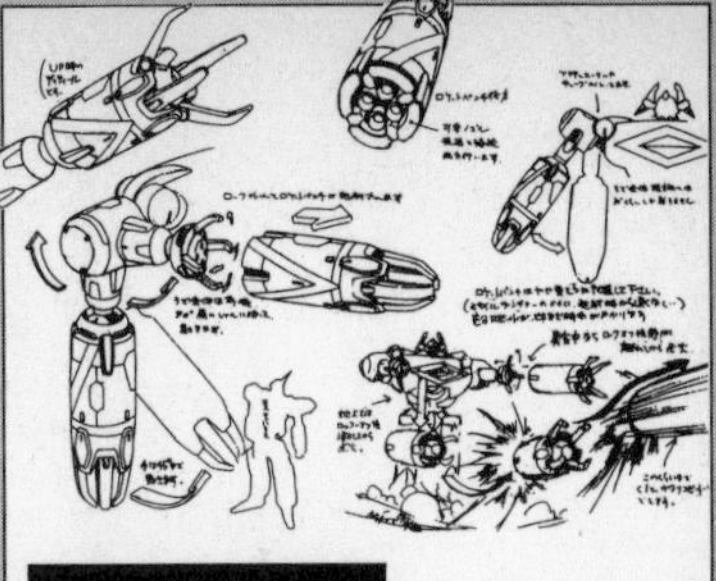

腕部

なんと、ロケットパンチまで繰り出すことができる

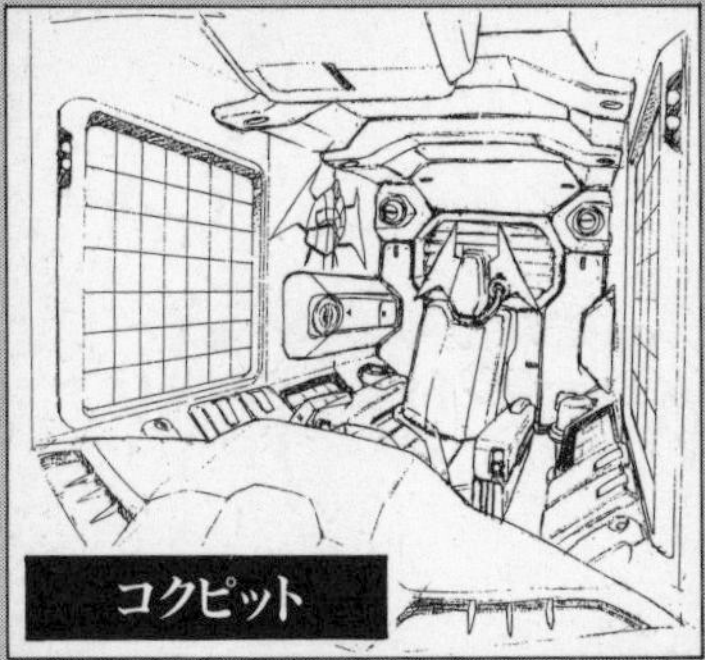

コクピット

基本的にはマジンと一緒。シートの形の違いに注目

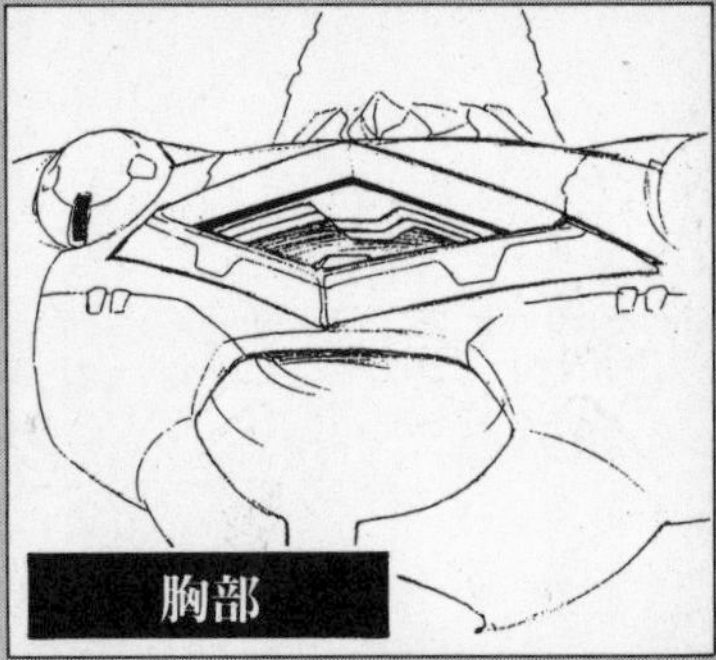

胸部

胸部からは、Gブラストも発射可能である

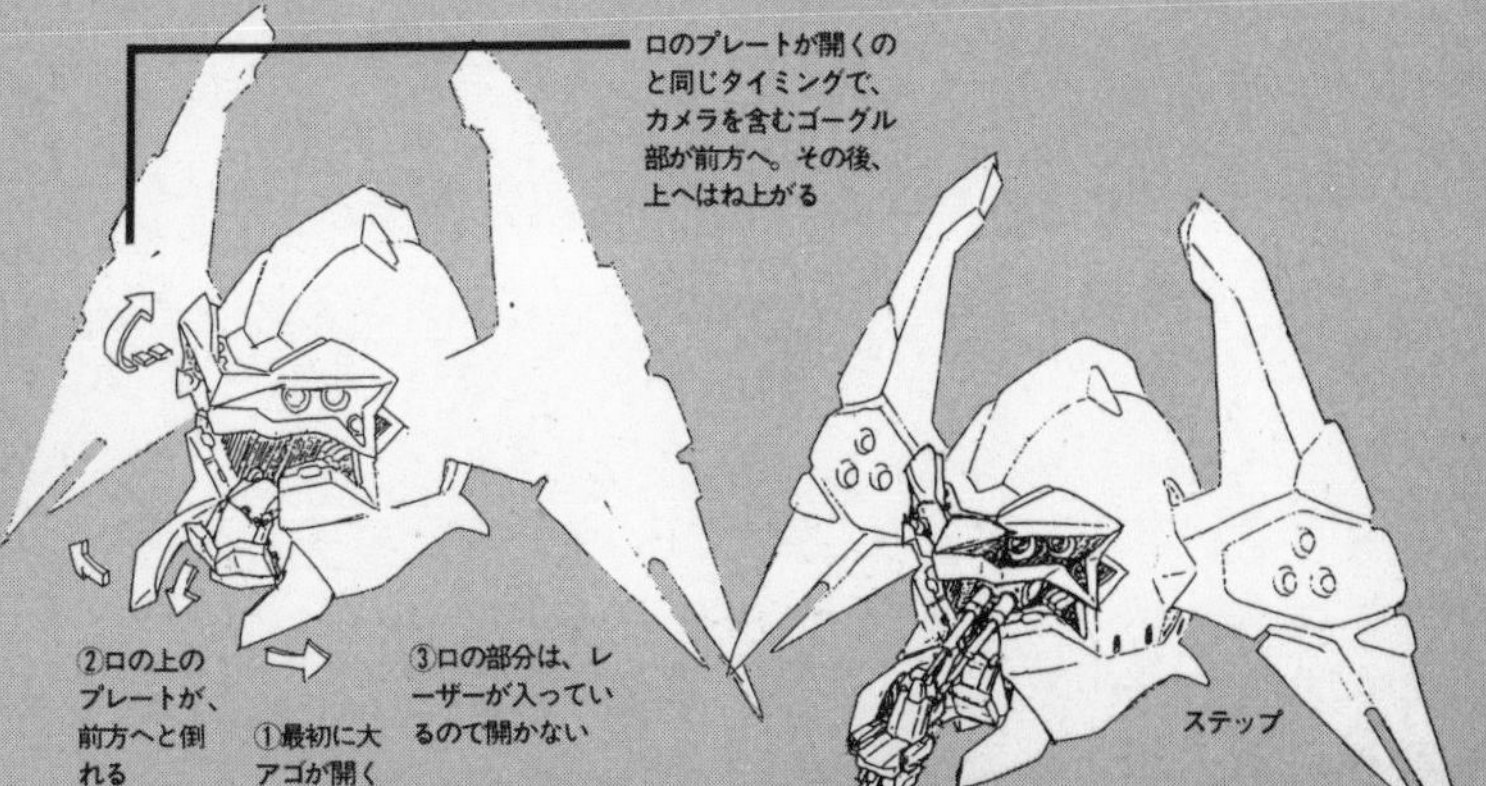
口のプレートが開くのと同じタイミングで、カメラを含むゴーグル部が前方へ。その後、上へはね上がる
②口の上のプレートが、前方へと倒れる
①最初に大アゴが開く
③口の部分は、レーザーが入っているので開かない
ステップ

パイロット搭載システム

3段のアクチュエータが伸びて、人間の脳にあたる部分からシートが出現。ただし、メカが寝ているときはシートを出さず、側面のステップから内部に潜りこむ

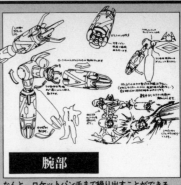

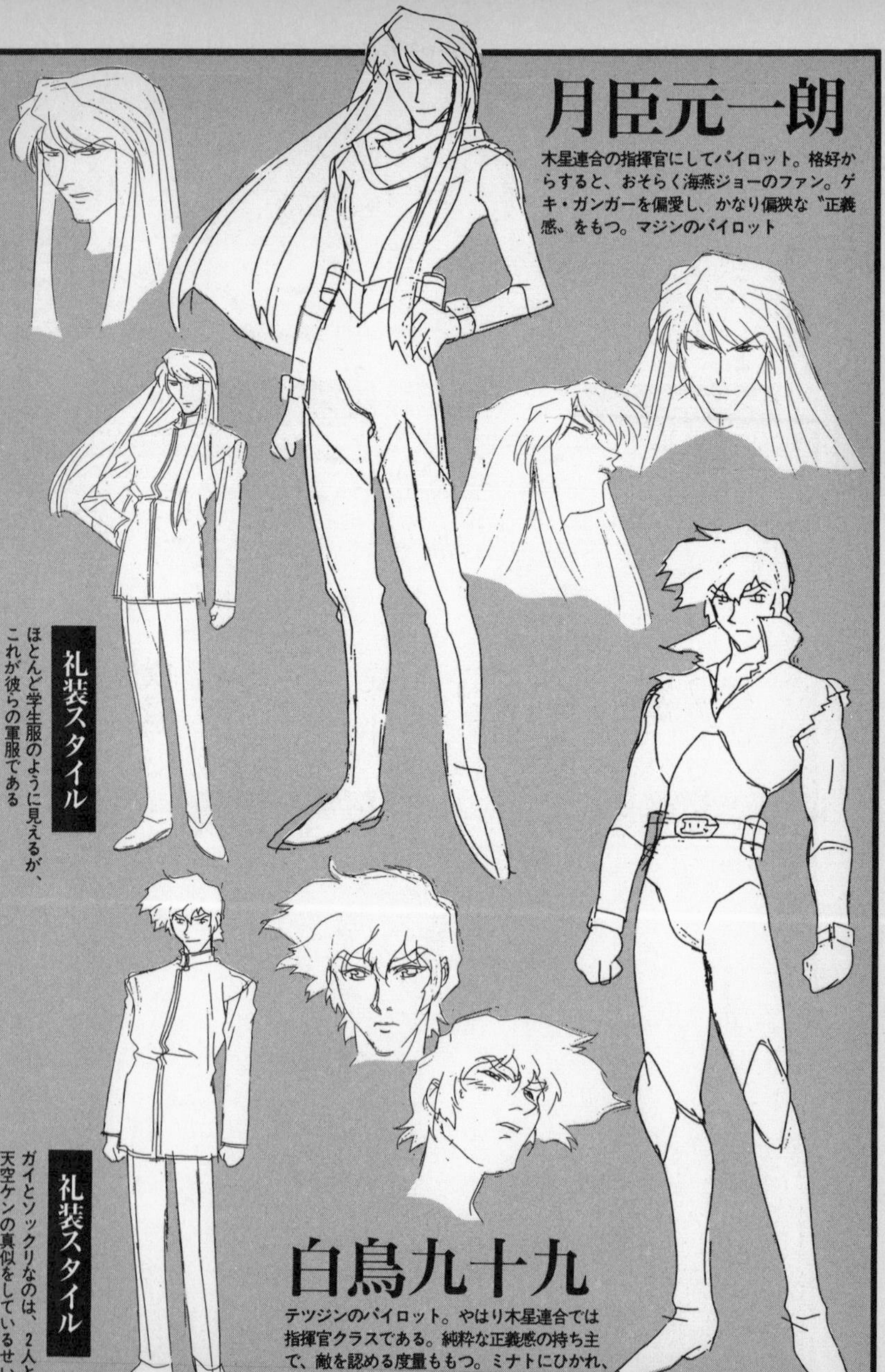

月臣元一朗

木星連合の指揮官にしてパイロット。格好からすると、おそらく海燕ジョーのファン。ゲキ・ガンガーを偏愛し、かなり偏狭な〝正義感〟をもつ。マジンのパイロット

礼装スタイル

ほとんど学生服のように見えるが、これが彼らの軍服である

白鳥九十九

テツジンのパイロット。やはり木星連合では指揮官クラスである。純粋な正義感の持ち主で、敵を認める度量ももつ。ミナトにひかれ、地球との和平を考えはじめるが……

礼装スタイル

ガイとソックリなのは、2人とも天空ケンの真似をしているせい？

木星銃

15話で九十九が使用。ビームガンに見えるが、実はリボルバー

※色は自か銀(グレー)のイメージです。かげつけは古くならないよう注意して下さい。

《木星銃》ビームガンのふりしたリボルバーです

・ド正面こんなかんじ

中折れ式です。

使え不明のミゾ

内(側)がか物の銃口

手との対比これくらい

ウミガンガー人形

ウミガンガーがあるということは、ゲキ・ガンガーもあると思われる

ゲキ・ガンガーざぶとん

マニア垂涎の品。後うには、名前も書けるようになっている

ゲキ・ガンガー3

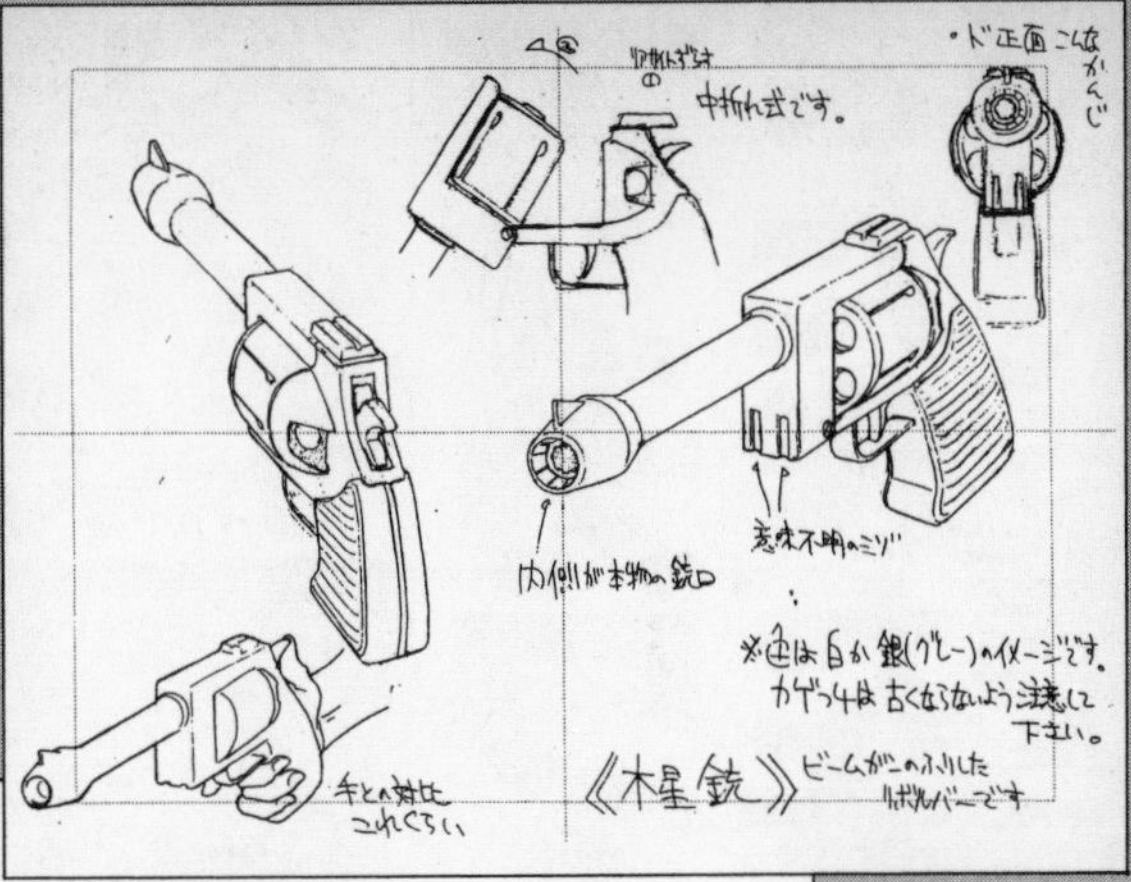

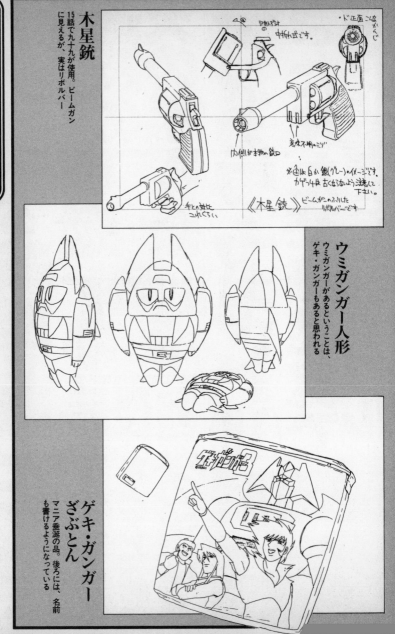

ナデシコの航路に新たな謎!?

全クルーから追及の火の手!?

艦長ミスマル・ユリカ(20)責任をとるためについに究極の決断!!

テンカワ・アキト(18)またまた交際発覚で問われる男としてのモラル

機動戦艦ナデシコデータバンク
MARTIAN SUCCESSOR NADESICO DATA BANK

MAIN STAFF
メインスタッフ

企画：大野　実（読売広告社）
　　　下地志直（XEBEC）
プロデューサー：小林教子（テレビ東京）
　　　　　　　　池田慎一（読売広告社）
　　　　　　　　佐藤　徹（XEBEC）
ストーリーエディター：會川　昇
ＳＦ設定：堺　三保
音楽：服部隆之
音楽協力：テレビ東京ミュージック
サウンドトラック：スターチャイルドレコード
キャラクター原案：麻宮騎亜　STUDIO TRON
（コミック連載：角川書店　月刊少年エース）
メインメカニックデザイン：明貴美加
キャラクターデザイン：後藤圭二
メカニックデザイン：企画デザイン工房　戦船
　　　　　　　　　　　　　　　　高倉武士
　　　　　　　　　　　　　　　　沙倉拓実
　　　　　　　　中原れい
　　　　　　　　森木靖泰
制作担当：千野孝敏
文芸担当：丸川直子
ベースプランニング：山口　宏
　　　　　　　　　　ナデシコ製作委員会
美術監督：小山俊久
撮影監督：杉山幸男
　　　　　松沢宏明
音響監督：田中英行（音響製作：オーディオ・タナカ）
広報：神宮　綾（テレビ東京）
編集：正木直幸
色彩設定：上谷秀夫
オープニングテーマ
「YOU GET TO BURNING」
VOCAL：松澤由実
作詩：有森聡美
作曲・編曲：大森俊之
エンディングテーマ
「私らしく」
VOCAL：桑島法子
作詩：松浦有希
作曲・編曲：松浦有希・吉田　潔
（スターチャイルドレコード）
監督：佐藤竜雄
製作：テレビ東京
　　　読売広告社
　　　XEBEC

MAIN CAST
メインキャスト

テンカワ・アキト：上田祐司
ミスマル・ユリカ：桑島法子
アオイ・ジュン：伊藤健太郎
メグミ・レイナード：高野直子
ハルカ・ミナト：岡本麻弥
ホシノ・ルリ：南　央美
フクベ・ジン：田中信夫
ウリバタケ・セイヤ：飛田展男
ゴート・ホーリー：小杉十郎太
プロスペクター：小野健一
ムネタケ・サダアキ：真殿光昭
ミスマル・コウイチロウ：大塚明夫
ホウメイ：一城みゆ希
スバル・リョーコ：横山智佐
アマノ・ヒカル：菊池志穂
マキ・イズミ：長沢美樹
イネス・フレサンジュ：松井菜桜子
エリナ・キンジョウ・ウォン：永島由子
アカツキ・ナガレ：置鮎龍太郎

話数	タイトル	放映年月日	脚本	絵コンテ	演出	作画監督	ゲストCV
6	『運命の選択』みたいな	'96・11・5	會川 昇	加戸誉夫	はばらのぶよし	キャラ作監／門之園恵美 メカ作監／後藤圭二	整備員／荻原秀樹
7	いつかお前が『歌う詩』	'96・11・12	會川 昇	土蛇我 現	日下直義	江上夏樹	整備員／置鮎龍太郎
8	温めの『冷たい方程式』	'96・11・19	會川 昇	佐藤竜雄	中津 環	石井明治	提督／菅原淳一 オペレーター／鈴木琢磨 アカラ王子／岡野浩介
9	奇跡の作戦『キスか？』	'96・11・26	荒川稔久	川崎逸郎	星合貴彦	キャラ作監／山岡信一 メカ作監／前田明寿	なし
10	『女らしく』がアブナイ	'96・12・3	あかほりさとる	土蛇我 現 広田正志	日下直義	池上太郎	アクア／水谷優子
11	気がつけば『お約束』？	'96・12・10	川崎ヒロユキ	中原れい 大畑清隆	織田美浩	浜崎賢一	なし
12	あの『忘れえぬ日々』	'96・12・17	首藤剛志	広田正志	日下直義	江上夏樹	調査員A／中 博史
13	『真実』は一つじゃない	'96・12・24	會川 昇	剣地 尚	水島精二	キャラ作監／後藤圭二 山岡信一 メカ作監／前田明寿	エリ／川上とも子 ハルミ／中川 玲 ジュンコ／松澤由実 ミカコ／本井英美 少女／矢島晶子 軍人／関 智一
14	『熱血アニメ』でいこう	'96・12・31	構成／佐藤竜雄 會川 昇 近衛真守 スタジオ雄	はばらのぶよし	はばらのぶよし	近衛真守	天空ケン／真殿光昭 アカラ王子／岡野浩介
15	遠い星からきた『彼氏』	'97・1・7	會川 昇	土蛇我 現 前田光悦	日下直義	池上太郎	白鳥九十九／関 智一 月臣元一朗／森川智之 エリ／川上とも子 ミカコ／本井英美 シックース／陶山章央

もくじ

NEWTYPE FILM BOOK

ニュータイプフィルムブック
機動戦艦ナデシコ
フィルムブック 2

1997年5月1日初版発行

発行人◉角川歴彦
発行所――株式会社角川書店　ニュータイプ
〒102 東京都千代田区富士見2-13-3
営業03(3238)8530　編集03(5229)3550
振替00130-9-195208
印刷／凸版印刷株式会社
製本／株式会社多摩文庫

落丁・乱丁等は、ご面倒でも角川ブックサービス(〒354 埼玉県入間郡三芳町藤久保557-2)あてにお送りください。送料小社負担でお取り替えいたします。

Printed in JAPAN
ISBN4-04-852800-9 C0076